不吼不叫培养好孩子

刘慧滢　编著

吉林文史出版社
JILIN WENSHI CHUBANSHE

图书在版编目（CIP）数据

不吼不叫培养好孩子 / 刘慧滢编著 . -- 长春 : 吉林文史出版社，2023.5

ISBN 978-7-5472-9166-5

Ⅰ . ①不… Ⅱ . ①刘… Ⅲ . ①家庭教育 Ⅳ . ① G78

中国版本图书馆 CIP 数据核字 (2022) 第 196867 号

不吼不叫培养好孩子

BU HOU BU JIAO PEIYANG HAO HAIZI

编　　著　刘慧滢
出 版 人　张　强
责任编辑　宋昀浠
封面设计　郑金霞
出版发行　吉林文史出版社
地　　址　长春市净月区福祉大路 5788 号出版大厦
印　　刷　天津海德伟业印务有限公司
开　　本　640mm×910mm　　1/16
印　　张　12
字　　数　94 千
版　　次　2023 年 5 月第 1 版
印　　次　2023 年 5 月第 1 次印刷
书　　号　ISBN 978-7-5472-9166-5
定　　价　69.00 元

前言 PREFACE

不吼不叫培养孩子已经不是一个新方法，但是能够真正做到却不是一件容易的事。我是一位妈妈，更是一位青少年心理教育工作者，对不吼不叫培养孩子这个方法感慨良多。

在日常的来访者中，能够理性、客观教育孩子的家长所占比重并不算多，甚至很多家长也是沿袭了自己儿时所接受教育，在对孩子进行教育的过程中，方式方法粗糙、原始而无效。

其中更多的原因，是家长缺少对低龄孩子心理发育、性格特征的了解和把握，也很少将孩子作为一个独立的个体予以尊重。这本身不是短时间能够解决的问题，需要家长不断提升自己的教育理念，才能跟得上孩子成长的脚步。

实际上，我在从事青少年心理教育工作之前，与很多普通的家长一样，对孩子的培育缺乏理性认识，也只是从父母或其他同龄人那里以“拿来主义”的方式，匆忙复制，照抄照搬地马虎进行。

但慢慢地，我有了两个清晰的认识：一是不同阶段孩子的成长特点是有规律可循的，只要掌握好这些基本规律，就基本能够把握好孩子的教育方向而不至于犯错误；二是各个家庭的背景、条件不同，导致孩子从小所受的熏染也有不同，这就需要家长灵活多变地、有针对性地将一些方法予以变化，以符合自家孩子的成长特点。

结合这两点，如果能够将孩子成长过程中的几个核心面把控好，然后在这些核心面的具体行为细节上做好针对性的教育，家长基本上就能够在不吼不叫的前提下，较为轻松地解决孩子成长过程中的相关问题。

我将孩子健康成长最为关键的几个核心面归纳为：自我意识、进取心态、品格操守、自我认知、行为习惯及言行举止。考虑到培养孩子这几个核心面的执行人是家长，所以让每个家长真正做到不吼不叫的自我情绪管理更为重要。因此，本书首章就从家长的自我把控开始谈起，让家长对自己的情绪、行为有个清晰的自我认知，并以具体可操作的方法步骤逐步接纳孩子、摒除浮躁。

以上几个核心面加上家长的自我情绪管理就构成了本书六个章节的内容，基本上将我多年的案例积累、经验和教育心得囊括进来。尤其是我女儿的大部分成长经历所呈现出的极具代表性的成长问题，以及我为此进行的尝试和努力，可以更好地以抛砖引玉的方式与广大读者朋友一起分享。

书中很多内容也来源于我的同学、朋友及同行们的积极贡献，他们在教育自己孩子过程中所经历的酸甜苦辣也很好地代表了大部分家长的心声，是更多谋求孩子健康成长的家庭教育的缩影。

其中，有家长因为自己的不当言行而导致孩子言行不端；有碍于工作忙碌、家庭关系疏远而导致孩子的性格孤僻、冷漠；有娇宠的家庭溺爱而导致孩子沉溺网络、物质消费而无法自拔……

林林总总的困惑构成了现实生活中很多家长亟待解决的家庭教育难题。在物质生活提升的今天，这些难题只要方法得当，只要家长肯于付出时间和爱，每个孩子都会如芬芳的鲜花，在合适的季节里各自绽放。

今天，我们仍不停提倡不吼不叫培养好孩子的教育方式，就是因为很多家长依然以自己固有的思维认知去左右孩子的成长，导致孩子在本该健康成长的年龄走向与之完全相反的成长对立面。

《不吼不叫培养好孩子》是作者自身教育孩子的经验分享，也是大多数家庭教育故事的精彩记录，有清晰的理念可以推敲，也有接地气的方法可以借鉴。

希望本书能够为广大为人父母的读者朋友带来实质性的帮助和思考，在辅助孩子成长过程中能切实发挥一点儿指导性作用。倘如此，万分荣幸！

目录 CONTENTS

第一章

做个不吼不叫的家长：首先做好自己的情绪管理

父母的语言、行为、情绪都在不知不觉中影响着孩子。哪怕是那些被我们硬性控制的细微情绪变化，孩子都能够敏锐地感受到，这一点，是孩子在母亲腹中就已早早练就的“本领”。而当我们最终能够真正平和下来，曾经那个总是闯祸捣乱的孩子，不知道什么时候就变成了活泼、向上、有着自己独特思维方式的乖孩子了。

接纳孩子，就是接纳自己

在我接触的众多家长中，有一些家长给我留下了深刻的印象，其中有一个家长与其说是我向她传授育儿经验，倒不如说是她给我上了深刻的一课，因为是她教会了我接纳孩子就是在接纳自己。这个家长叫“熊妈”，她之所以称自己为“熊妈”，是因为她有一个“熊孩子”。

从熊妈的儿子一上幼儿园，她就看出了自己的儿子与其他孩子有什么不同，别的孩子能够利索爽快地说出“1+1=2”，而她儿子的头却摇得像拨浪鼓。老师提醒他可以掰着手指头算，即使这样，孩子也没能算清楚。但好在老师还是接受了她的儿子。

也是从这个时候开始，熊妈开始怀疑自己，是不是自己的教育出了问题，她一直提倡给孩子一个无忧无虑的快乐童年，所以从未对孩子进行过什么所谓的“早教”。真正让熊妈感到恐慌的，是孩子进入小学以后，一纸成绩单如一根标尺般将所有的孩子分为了三六九等，而熊妈的孩子不幸成了最后一等。他不但学习成绩不理想，上课还不注意听讲，家庭作业也不认真完成。熊妈从恐慌变成了焦虑，她不愿意承认自己的儿子反应比别人慢半拍，于是辞了工作，开始了陪读生涯。儿子学什么，她就跟着学什么，学完以后跟着儿子一起做作业。

儿子每次写作业都要熊妈苦苦相逼才肯写，然而就算是抄，也会抄错；每次做数学题，就像受刑罚一般煎熬，十以内的加减法，儿子都要错很多；英语更是一塌糊涂，英文字母都认不全，更不要说读出来。每每这时，熊妈就会想到别人家的孩子多么聪明伶俐，越是这样想，就越觉得自己的儿子不争气。为此，熊妈也曾骂过孩子，甚至打过孩子。当她觉得心中的苦闷无处发泄时，也曾在网络上寻求过安慰，但得到的却是铺天盖地的批评，大家都说她是一个不称职的母亲，有的甚至要求她先吃药，再教儿子。安慰没得到，却受到了更大的打击，她从一个自以为教育方式有问题的妈妈，变成一个“坏妈妈”，这个打击几乎令她崩溃。

这一天，儿子写作业又写到了很晚，他想先睡觉，但是却被熊妈严词拒绝了。儿子不依，躺在地上边哭边闹，熊妈也被气得直流眼泪。那一刻她感觉儿子已经没有未来可言了，她累了，她想要放弃。这时，熊妈的先生鼓励她道："至少，我们的孩子学到了一项本领——'逆商'，即便成绩如此糟糕，但他还是能每天高高兴兴地去上学，有这样乐观的精神，我们还怕什么呢？"先生的话，犹如一道光照进了熊妈的心中，她检讨了自己打骂孩子的行为，同时也接受了自己孩子比别人孩子笨的事实。她告诉自己，孩子的学习能力本身就是参差不齐的，有的甚至是天生的，作为家长千万不能强求，更不要拿自己的孩子与别人的孩子比，最重要的是要坚信自己是一个好妈妈。

一个人一旦说服了自己，那么接下来的路就会好走许多。熊妈不再逼着孩子学习，每天晚上九点一到，就算孩子没有写完作业，也不会逼着孩子写了，她会打电话向老师说明情况，然后再在周末将作业补齐。孩子遇到不会算的数学题时，她也不再愁眉苦脸，而是想各种办法，让儿子更容易理解题意。

每当儿子的考试成绩下来，都是儿子最低落的时候。看着卷子上一个又一个红叉叉，熊妈心里也不是滋味，说不在乎那是骗人的，但是她却极力让自己表现出不在乎的样子，然后一道题一道题地帮儿子分析。在孩子的每一张卷子上，都密密麻麻地写着解题的思路，以及熊妈鼓励自己儿子的话语。渐渐地，熊妈感受到了儿子的改变，他学会举一反三了，他能够指出妈妈读错的英语单词了，他甚至不再稳坐全班倒数第一的“宝座”了。

熊妈的儿子上了六年级以后，尽管成绩依旧没有进入中上等，但是她已经非常满足了，儿子的每一个进步都能够让她欣喜若狂。用熊妈自己的话说就是：“他再笨，也是我的儿子，我没有理由不爱他。”

我很感谢熊妈能够将她的故事分享给我，她这六年来的心路历程，就像是一本“教科书”，教会我爱是接纳，接纳孩子的一切，包括他的优点和缺点。

如果我们不愿意接纳孩子的缺点，那只能离绝望的深渊越来越近，这是一个极其痛苦与煎熬的过程，这会让我们不断地否定孩子，否定自己，觉得自己是一个失败的家长。

但是当我们愿意接纳自己孩子的不足时，其实也就是接纳了自己的不完美，这个时候一切转机就出现了。你不再认为自己是一个不合格的家长，也不再认为孩子身上的不足是多么大的事情。你会成为一个好家长，一个会爱孩子的好家长。

惩罚无度，伤害也就无限

孩子做错了事情要不要进行惩罚？这是前段时间在微博上被广泛讨论的一个话题，一方为赞成派，所谓“不打不成材”；另一方是反对派，认为孩子不能惩罚。而我是中间派，认为孩子可以惩罚，但是要有度，因为无度的惩罚会给孩子带来无限的伤害。

刚刚大学毕业时，我在一家汽车媒体工作。其中有位男同事至今让我印象深刻。他的专业采访能力非常优秀，称得上是我们这些新人的“老前辈”，我们都很尊敬他。但他总是与大家保持着适度的甚至有些不近人情的沟通距离，偶尔还会在别人心情大好时说些刻薄的话，这样就导致了大家对他越来越敬而远之。

有一次，同事们都走了，公司里只剩下我们两人，忽然停电了，他吓得大叫了一声，连忙呼唤我的名字。我走到他的身边，可以清晰地感受到他的颤抖。一个大男人怕黑，这多少让我有些意外。但是出于同事之间的关心，我还是轻轻地拍了拍他的肩膀，对他说：“没事，别害怕，应该一会儿就来电了。”

他没说话，点了点头。

“你为什么怕黑呀？”我鼓足了勇气，好奇地问了他这个有些隐私的问题。

“你小时候被妈妈关进过衣柜里吗？”他沉默了几秒钟，反问我。

“没……没有。”我回应道。

“我被关过，关了整整一天一夜。”

他的回答，让我身体一颤，这实在太让人难以接受了。

“妈妈的新口红是我很喜欢的那种红色，我兴奋地到处乱涂，她一生气，就把我关进了大衣柜中，并反锁了门。我很害怕，不停地敲门，无论哀求还是踢打，她都毫不理会，柜子里很黑，我感觉自己快要窒息了。直到第二天妈妈才让我出来，然后问我‘下次还敢不敢了’。从那以后，我很害怕黑，但是妈妈不让我开灯睡觉，我就缩在被窝里，在恐惧中睡着。从那以后她的任何东西我都没碰过，还真是‘不敢了’。”

此时，办公室的灯亮了，他尴尬地看了看我，转身离开了。

我在想，这个如此优秀的“老前辈”，如果他的妈妈不用那样过激的手段惩罚他，他应该会成长为一个乐观开朗的人，也会特别愿意主动亲近我们这些“菜鸟”吧。也许，当年那个妈妈自以为是的惩罚，的确给他的心理留下了相当大的伤害，恐怕他一辈子都很难从曾经那个恐惧的黑暗中走出来。

表面上，过度地惩罚孩子，可能会让孩子出于恐惧而记住当下的教训，但是却给孩子的成长留下了更大的隐患，身体上看似没有创伤，但心理上的伤痕却要伴随孩子一生。对于孩子来说，童年时代所经历的那些印象深刻的或喜悦或忧伤的小事件，都会不经意间留存在记忆深处，并在日常的工作、生活中潜移默化地发挥作用。家长认为惩罚孩子只是一件“小事”，如同一颗小小的雨滴或一阵微风，但在孩子看来，这无异于“狂风暴雨”。

既然不能过度惩罚孩子，那怎么能让孩子在所犯的错误中得到启发和成长呢？这方面，我想讲讲我的体会。

有一次，女儿正在写作业，楼下的然然小朋友来找她玩儿。为了能够早点与然然一起出去玩儿，女儿的生字作业写得歪歪扭扭，潦草至极，很明显就是在敷衍了事。我很生气，真想将她的作业撕掉，然后让她重写一遍。

可是这样就能让女儿记住这个教训吗？恐怕她只会觉得我冷漠、不通情理，所以我决定换个方式来处理。我将正准备出门的女儿叫了回来，当着她的面，擦掉了所有不规范的字，然后对她说："写作业不能敷衍，我擦掉的是你敷衍写下的字。如果你认为可以这样对待你的写字，那写与不写没有区别。所以，今天惩罚你不准写字！"

"我要是不写，明天老师会批评我的，说不定还会惩罚我呢！"女儿看着我，一脸惊恐地说。

"那就是你的事情了，既然不想好好写，那就索性不要费力去做嘛。"说完，我坚决地将女儿的作业本没收了。女儿几次想要回去重新写，都被我拒绝了。可想而知第二天女儿会遭遇什么，但是从那天开始直到今天，女儿从未糊弄过一次作业，她的文字、板报包括后来的书法都成为班级同学的学习样板，漂亮、整洁的卷面甚至还为她的考试加过分，我想这才是惩罚的良好结果。

没有哪个孩子会刻意去犯错误，也没有哪个家长无缘无故严厉惩罚孩子。所以，当孩子的错误是无心之过或者孩子已经心怀内疚时，把无度调整为适度，这样的惩罚才是真正的教育。

如果你真的爱你的孩子，请先从停止过度甚至无度的惩罚开始吧。

觉察：别把负面情绪传染给孩子

记得女儿两岁半左右的时候，我刚换了新的工作，新工作节奏比较快，再加之陌生的工作环境和人际关系，常常让我感到力不从心。那段时间，似乎任何事情都会引起我的烦躁情绪，比如先生看电视声音大了点，或者女儿玩闹过了头，都会让我感到心烦意乱，所以我经常说的话就是“烦死了”和“真麻烦”。每当此时，先生就会默默地调小声音，女儿就会听话地安静下来。

过了一段时间，我家附近开了一家连锁超市，前三天打折，我便带着女儿去凑“热闹”。一进超市就看见人山人海，就在我考虑是否要离开时，女儿皱着眉头喊了一句：“真麻烦！这么多人。”那语气，那神态，简直就是我曾经行为的翻版，这时，我才意识到，家长无意识地用负面情绪对孩子说话，对孩子的影响有多么深远。但可怕的是，很多妈妈却意识不到自己的情绪对孩子的影响有多大。

那还是在女儿上幼儿园的时候。那天放学后，女儿举着一只漂亮的风车跑了出来，一见到我就放到我手里，说是送给我的。同样，也有一个跟女儿一般大的小女生拿着一朵纸折的花跑了出来，满脸笑容地送给了自己妈妈。但是女孩儿的妈妈却看也没有看，只是催促着女孩儿赶快上车，说自己还要赶回家做饭。

女孩儿极力想让妈妈看一眼自己手中的花朵，所以并未听话地上车，而是走到了电动车前，举到妈妈的眼前。女孩儿妈妈对孩子的不听话十分生气，语气已经由“催促”变成了“呵斥”；“让你快点，没听见呀！干什么都磨叽！”说着，伸手去拽孩子的衣服，却不料碰到了车把上的袋子，袋子里刚买的菜洒落了一地。

这让女孩儿的妈妈更加生气了，立刻跳下车来，伸手在女孩脑门上戳了一下，并骂道："你个丧门星，就跟你那个老爸一样，从来不让我省心！"女孩儿在妈妈的"连番轰炸"下，终于忍不住哭了起来。哭声引起了女儿的注意，"妈妈，我过去看看。"说完，女儿不等我同意，就走到了那对母女面前，她先是拉住了女孩儿的手，然后对女孩儿的妈妈说："阿姨，这朵花是乐乐专门给您叠的，是康乃馨，她说您每天工作很辛苦，她要感谢您。"

听了女儿的话，女孩儿妈妈的脸上露出不怎么信任的表情，问女孩儿道："真的吗？"

女孩儿用力地点点头，同时哭得更大声了。女孩儿的妈妈有些后悔刚才那样对孩子，于是连忙蹲下身子将女儿搂在怀里。“你为什么不早点跟妈妈说呢？”女孩儿的妈妈柔声问道。

“我跟你说了，可是你没听见，一直催着我上车。”女孩儿委屈地回答。

此时，我也来到了她们身边，帮女孩儿的妈妈将掉在地上的菜捡了起来，女孩儿的妈妈对我报以感激的微笑。我举起手中的风车，对她说：“看，这也是我女儿送我的，风车。”就这样，我们两个妈妈因为孩子的礼物，打开了话匣子。

女孩儿的妈妈告诉我，孩子的爸爸没有工作，所以她要一个人打两份工来维持生计，也因此她每天都很累，也没有多余的精力陪孩子玩儿。从心里她觉得很对不起孩子，但是在行为上，她又忍不住将自己对生活的不满发泄在孩子身上。说着说着，女孩儿的妈妈竟哭了起来。这一哭，竟哭了很长时间，似乎要将她心中所有的委屈都哭出来。

我心中一时感慨万千。没有人天生就会做妈妈，也没有人一开始就能够做个一百分的妈妈，我们都是在不停的学习中逐渐让自己变得合格，让自己成为更好的妈妈。作为一个普通人，我们可以在想发脾气时就发脾气，可以在内心痛苦时想哭就哭，但是妈妈这个角色，却让普通变得不能普通。一个妈妈，尤其是一个职场妈妈，不但要应对着职场上的竞争与残酷，还要处理家庭中琐碎的事情，身上的压力可想而知。

而家庭又是一个极容易让人卸下“伪装”释放真实情感的地方，因此将生活中的不快发泄到家庭中，甚至是孩子身上，是非常常见的事情。但是这样对孩子的影响几乎是毁灭式的。因为在孩子的成长过程中，情绪的学习一直贯穿其中。如果妈妈在生活中向孩子传达的情绪多为正面情绪，那么孩子的情绪自控能力和协调能力就能得到适时培养，这将更有利于孩子性格与人格的发展。

相反，如果妈妈在生活中的负面情绪较多，经常用一些很消极的语言对待孩子，那么就会将这种消极潜移默化地传递给孩子，导致孩子充满了不良的情绪，从而影响孩子智力的开发和健康成长。

掌控：自己少发脾气，孩子自然心平气和

很多妈妈和我说过类似的话："我总是控制不住自己的火气，看到孩子捣乱不听话，那股无名之火'噌'地就起来了，说打孩子就打孩子，打完又特别后悔……"

以打骂的方式教育孩子当然不妥，但是当你对孩子怎么说、怎么劝都无济于事时，有些家长就控制不住地想上去打他几下才解气。我理解这些家长的感受，因为我也有过那种感觉，也经历过那样无法掌控自己痛苦。有时，这样的失控还会波及与其他家人的沟通，会不由自主地再次发生争吵。可见无法掌控自己脾气，给一家人带来的伤害之大。

当然，人无完人，不可能永远心平气和，偶尔发一次火，能够跟孩子真诚地道歉，孩子也能理解。但如果这种状况是经常性的，那就近乎失控，事后的道歉也无济于事。对于孩子来说，有个动不动就发脾气的妈妈，这对他而言毫无

安全感。慢慢地，在遇到困难时，他会选择放弃来避免因为做不好而受到妈妈的指责。

因此，学会掌控情绪，这对家长而言就格外重要。

首先，我们需要清楚让我们发脾气的原因不是孩子本身，而是我们对孩子某一行为的不接纳，即你无法接受孩子不能按照你的要求和想法完成某事。

女儿刚升入小学，与很多孩子一样，存在拖拉的毛病。刷牙、整理书包、找衣服、穿袜子，或者忽然又对某块好久没有使用的橡皮产生好奇，这些都让我大发雷霆，不断吼着让她快点。最终，她在我的监控下，不知道下一步要做什么，常常愣愣地站在那里不知所措。

先生在旁边提示我："你既然嫌她慢，你帮她做不就行了吗？"

"这明明是她自己的事，怎么能让我帮忙呢？"我生气地反驳道。

"那既然是她自己的事情，你为什么要催她呢？"先生半调侃地反问道。

我无言以对，但忽然意识到我正在以自己的标准要求女儿，因为她达不到我的标准而让我产生了情绪。从那一刻开始，我不再执意要求孩子达到我的标准。之后，我的脾气好了很多。我不会因为她写作业慢、穿衣服慢、吃饭慢而生气。

再之后，我对日常生活和工作中的很多事情也不再保持固有的执念，我的心态明显比过去平和了很多。我开始接纳饭桌上的一两个米粒、几个玩具散落在客厅一角、孩子的某科功课未能达标。

我在真正掌控了自己的情绪后，开始意识到，原来女儿把作业速度放慢，是希望自己的文字看上去更工整一些，那些未收完的玩具是她随时可能过来继续投入其中的，那些米粒甚至都不完全是她掉落的，她有她自己所理解的世界和所能接纳的“无秩序”状态。

当我们能够不以自己的标准去要求孩子，并充分理解孩子行为背后的原因时，我们离一个能够控制自己情绪的好家长就不远了。虽然这个过程中，需要我们不断地去反省自己的行为，但是这绝对值得。

中国有句俗语：“龙生龙，凤生凤，老鼠的孩子会打洞。”其中虽然也有一部分遗传的基因，但更多地是孩子对大人的模仿。每个孩子的身上都会有父母的影子，父母的语言、行为、情绪都在不知不觉中影响着孩子。哪怕是那些被我们硬性控制的细微情绪变化，孩子都能够敏锐地感受到，这是孩子在母亲腹中就已早早练就的“本领”。

当我们最终能够平和下来，面对一个淘气的孩子不再抓狂，我们就会发现，曾经那个总是闯祸捣乱的孩子，不知道什么时候就变成了活泼、向上、有着自己独特思维方式的乖孩子。

摒除浮躁，成长有时需要等待

记得曾在一次青少年培训营里，看过几个孩子的一段表演，表演的内容就是呈现现实生活中孩子与家长沟通时家长的态度，表演让我印象深刻：

孩子几次想要与爸爸、妈妈沟通些什么，却被急于出门的爸爸粗暴打断；在与妈妈尝试做进一步沟通时，妈妈正拿着手机刷朋友圈。

孩子很着急，在经过了几次努力后，家长开始烦躁起来，让他抓紧时间去写作业。孩子提高了声音以引起他们注意，说自己的确有个很重要的事情要说，但是爸爸急了，说自己有事都被耽误了，妈妈有些不耐烦地让他回自己房间。

最终，孩子没能完整地与父母进行一次完美的沟通。父母似乎太忙，认为他只是一个孩子，而学习才永远是他唯一重要的事情。

台下的我和很多家长一样，忽然觉得自己好像真的很少有耐心去倾听孩子的每一个成长中的小秘密、小进步和小梦想。我们习惯于日复一日般浮躁地应付日常，忽略了孩子成长的每一个互动的瞬间。

生活中，当我们苦口婆心教了孩子一遍又一遍的数学题，但孩子依然一脸困惑地看着我们时，我们最终失去了耐心，喊了句："你想啥呢？你怎么这么笨？"

当我们提醒孩子不要忘记检查书包，但孩子临到学校门口还是忘记了圆规或者量角器时，我们气得向他大嚷："我早上和你说了多少遍了，要检查，检查，你怎么就是不听呢？"

当我们反复叮嘱下雨天不要出去玩，以免淋雨感冒，但孩子发着高烧说难受时，你又心疼又生气地训斥："告诉你别出去，你偏不听！"

……

在这样的提醒、劝告和唠叨中，我们是不是要反思一下，究竟是孩子越来越不懂事，还是自己太过浮躁，失去了对他应有的耐心？

一位年轻的妈妈，在意识到自己两岁的孩子仍然不能发出一个完整的、清晰的词语时，便带孩子去医院做检查。经过一系列的专家会诊、测试后，诊断为疑似高度孤独症。这个诊断如晴天霹雳，让她一时难以接受。爸爸从最初的努力坚持到最后放弃，只用了几个月时间，但是妈妈决定对孩子付出毕生全部的耐心。

她坚持每天给孩子讲故事，带孩子亲近大自然，临睡前，会拉着孩子的手，告诉孩子，她们今天一起做了什么事，然后尝试让孩子尽量去表达。

日复一日，终于在五岁那一年的某一天，孩子喊出了第一声“妈妈”，很快又喊出了“爸爸”。渐渐地，孩子如同冲刺一般，很快融入其他同龄孩子的无障碍交流当中。

我们不去探讨那个孤独症的诊断是否准确，但妈妈为了孩子的成长所付出的耐心却是百分之百。这个耐心的妈妈正是经由这样的坚持，创造出了最后的奇迹。

实际上，我们大多数家庭的孩子情况也没有那么糟糕，他只是有时太过沉浸于自己的世界。只要我们能够有一点点的平静的陪伴和倾听，孩子就自然会呈现出他本来应该呈现的样子。在这个世界上，最该得到耐心的人，就是我们尚在成长中的孩子。

同样地，如果我们能够以心平气和的心态来对待周遭世界，那么孩子自然也会从我们家长身上学会耐心对待周遭世界。

那一年女儿刚刚读小学，考完最后一科，我就带着她回老家看奶奶。天气忽然大变，鹅毛般的大雪飘了起来，火车也因此晚点。我和女儿坐在候车厅，赶上学生放寒假，各个角落都坐满了人。

女儿逐渐失去了候车的耐心，开始不耐烦地问我："妈妈，火车什么时候才能来呀？"无论我怎么回答，她依然是不变样的那句："妈妈，火车到底什么时候才能来呀？"

嘈杂的环境，加上为了赶车而造成的疲惫，那个烦躁不安的自我差一点儿打败了平日安静的自我。当时，我几乎脱口而出：“你别问了行不行，我怎么知道什么时候来啊！”但那句话，还是被我硬生生地咽了回去。看着同样烦躁不安的女儿，我深深地吸了一口气，然后蹲下身体，搂着她，告诉她：“宝贝，妈妈也不知道具体什么时候车会来，因为外面的雪太大了，需要有叔叔把铁轨上的雪清理干净了，火车才能安全开过来，让我们上车。现在呢，我们除了耐心地等待，已经没有更好的办法了。你看看周围，爷爷奶奶、叔叔阿姨和弟弟妹妹，大家都在耐心地等待！”

女儿看了看周围密密麻麻的人，陷入了沉默。过了一会儿，又忽然担心地问了一句：“那这么多人，等火车来了，我们会不会上不去车呢？”

“不会的。”我把手中的车票交到她手中，告诉她：“我们有票啊，只要有票就能上车。”

女儿看了看票，又看了看我，终于放下心来，也不再那么烦躁。事实上，那天的火车晚点了四个小时，在这四个小时的时间里，我和女儿坐在候车室狭窄的椅子上，靠猜谜语和讲故事度过了漫长的等待时间。

女儿开学了，有一天我和先生都赶上加班，无法准时到学校接女儿放学。女儿在学校一等就是两个小时，在这两个小时的时间里，女儿写完了家庭作业，还跟老师聊了天，直到我风风火火赶到学校，女儿也没有流露出一丝不耐烦的焦躁情绪。老师笑着跟我说，你家孩子真能沉得住气，边等家长还边开解老师说："着急也没有用，只能慢慢等，不过辛苦老师陪我一起耐心等妈妈。"

听到老师这么说，我真的很庆幸自己在那次候车时，没像其他家长那样斥责自己的孩子，没有将内心的焦虑和烦躁传达给女儿，否则女儿今天就不能理解和接受两个小时的等待。

其实，在我们生活中，处处存在着培养孩子情绪智商的机会，只要我们摒除浮躁，就会对孩子产生积极的影响，让孩子在成长的过程中体会到更多的愉悦情绪，并能够以更加积极的心态去学习和处理人际关系，这会让他的成长之路走得更加顺畅。

试一试，给孩子一个理解你的机会

我们常常讲，人与人之间最重要的就是理解和沟通，实际上，这句话用在父母和孩子的关系上，更是如此。当我们因为孩子“不懂事”而愤怒时，不妨想一想，是孩子真的“不懂事”，还是我们与孩子之间缺乏必要的理解呢？

我母亲有一个相识多年的老友，那个阿姨经常来探望我的母亲，而每次来她所谈论的话题，都离不开他那个“不孝”的儿子。比如：从未给她做过一顿饭；每天辛苦带孙女，儿子却还总嫌她带得不够好……

因此，阿姨的儿子在我眼里一直都是一位“不孝子”。直到有一年过年，母亲身体不便，要我代她去给自己的老朋友拜年，我才发现事实并非如此。我去的那天，正赶上阿姨腰疾犯了，走路都要扶着腰。见到有客人来了，阿姨的儿子连忙从房间出来，准备给我沏茶倒水，但是却被阿姨制止了：“你去休息吧，我来吧。”说完，又看着我解释道：

"我儿子昨天加了一晚上班，你来之前他才回家，让他歇会儿吧。"听到阿姨的话，阿姨的儿子还真的就坐在沙发上一动不动了，任由自己的母亲扶着腰走向饮水机。

"阿姨，您腰疼呢，就别忙活了。"我有些看不下去，说到"腰疼"两个字时，故意加重了语气。

"妈，您腰疼了？"阿姨的儿子这才从沙发上坐了起来，连忙接过母亲手中的杯子，接着又带些埋怨地说："您怎么不跟我说呢？"

面对儿子的质问，阿姨笑了笑说："不是看你最近工作忙吗？不想耽误你工作。再说了，妈这是老毛病了，跟你说了也没用。"

那时，我才忽然发现，阿姨的儿子不是不孝，而是他不知道如何去"孝"，他的母亲没有教会他该如何理解父母，或者说"阻止"了他去理解父母。所以也就出现了一系列的"不孝"行为，因为不理解母亲每天也很累，所以从来不主动做家务；因为不理解母亲身体不好，所以才会埋怨母亲没有将孩子带好。

问题的根本所在是，你给孩子理解你的机会了吗？你的疲惫、压力和诸多不适是否因为自己的掩饰或压制而让孩子失去了理解、照顾你的机会？而最终你却因为孩子的不懂事指责他。这样不成逻辑的教育模式，怎么可能培养出一个懂得感恩、回报的好孩子呢？

孩子能够理解父母，这种理解父母的能力被称为同理心。一个具备同理心的孩子，能够尊重自己的需求，同时也能敏锐地感受到别人的需求。在理解了别人的需求后，他们能够自觉地控制住自己的需求和欲望，从而照顾别人的需求。这种理解会渗透到他与亲人、朋友，以及今后的爱人的关系中。

但具备这种能力的前提，是需要家长给他们开出一条“理解的通道”，让孩子知道家长不是万能王、不是十全十美的人，也需要被理解、关注和安慰。

有一段时间，因为公司总是加班，我每天回家都很晚。有一天，我几乎是强打着精神才支撑到家，女儿还在客厅看动画片，我心里便莫名腾起一股火。

“给妈妈倒点水来。”我没有像往常一样，一进门就收起所有的疲惫去拥抱女儿，而是要求她也能照顾我一下。

“……”

等待我的，却是无声的回答，当然，也没有水。

“给妈妈倒杯水！”我的声音骤然提高了八度，整个人也从沙发上坐了起来，就像是一头准备进攻猎物的狮子。

女儿显然被我吓了一跳，有些不满：“我正看小熊维尼呢，你自己倒吧。”

女儿的话让原本情绪就不佳的我，瞬间火冒三丈，我拿起茶几上的遥控器，用力按了关机键，然后呵斥道：“我让你给妈妈倒杯水，你为什么不倒？你怎么这么不懂事呢？”

女儿正看得起劲，被我这么一番处理，委屈得掉起了眼泪，转身去卧室找爸爸去了。

先生走出来，用手拍了拍我的肩膀，让我消消气，之后又转身去了卧室。坐在客厅，我隐约听见父女两人小声嘀咕着什么，但听不清具体内容。

不一会儿，女儿从卧室走出来，倒了一杯水送到我面前，小声说道：“妈妈对不起，我不知道你加班辛苦，只顾着自己看电视，请你原谅我。”

女儿的话瞬间软化了我的心，感动之余，忽然觉得自己从来没有向孩子表达过自己的辛苦，却总是希望她能无条件理解我的辛苦，这真是委屈了她。

我接过水杯，喝了一口水，感觉整个人都温暖起来。我拉着她的手，对她说：“妈妈刚才太冲动了，妈妈应该先告诉你，让你知道我很累，需要你照顾我。如果是这样，你就一定会帮我倒水的，是这样吗？”

女儿点了点头。

的确，并不是孩子真的不懂事，而是他们根本没有机会和能力理解父母而已。此时，家长对孩子劈头盖脸的责骂只会让孩子感到莫名的委屈、难过和彷徨，因为他可能正沉浸在自己的小小世界里，压根儿无暇顾及发生了什么。

实际上，在我们面对孩子的各种挑剔、反抗甚至挑衅时，我们更要彼此理解双方各自的感受，只有这样的通道建立起来，孩子的同理心才能开启。

所以，试一试吧，给孩子一个理解你的机会。我相信，你一定会收获一个完全不同的少年。

第二章

培养孩子好的自我意识：让孩子自由独立

生活中的每一件与孩子关联的事情，首先给孩子提供一个自由选择的机会，鼓励孩子自己去做选择，并尊重他们的选择，这才是最真挚的爱。这份爱，这份自由选择的权利，对于孩子的成长尤为重要；对于理解这份权利并给予重视的家长来说，也同样弥足珍贵！

自由的空间养成独立的孩子

给孩子从小定好规矩，他长大了自然就不会做出格的事了，这是很多家长的观点。于是，孩子每天的起床时间、动画片的观看时间、外出踢球的时间；家里来客人时的欢迎辞、饭后碗筷的具体清洁方法、穿衣戴帽的先后顺序、自身物品的摆放角度等，都被严格地做出具体化的规定，想以此培养出言行举止都完全正确的“高标准、高效率、高素质”的孩子。

但是，这真的可行吗？所谓矫枉过正，一旦最开始的出发点存在隐患，终有一天，它所难以修复的问题就会一一呈现出来。

周末的一天，我陪着女儿在小区公园玩耍，期间来了个小女孩，女儿就和她玩起了“石头棋”。“石头棋”是小区很多小朋友都爱玩的游戏，所以很快吸引了附近几个小朋友过来围观。

见女儿和小朋友玩得投入，我就索性在公园的躺椅上晒太阳。刚眯着眼睛不到十分钟，就听到孩子们那边传来争吵声。刚刚起身，女儿走了过来，悄悄和我说道："妈妈，我把和我玩石头棋的小朋友气哭了。"

"气哭了？为什么啊？"我边听女儿解释，边拉着她往几个孩子那边走。"我想把她吃掉我的棋子放到我这边，这样进行下一轮的时候可以节约时间，不用再交换了啊。"

"那她为什么会哭呢？"我接着问女儿。

"因为她不想给我啊，她认为游戏没有结束，按照规则谁也不能乱动。"

我基本上听懂了争执的关键点，觉得尽管女儿的提议很不错，但是对方的坚持也有道理。我走到那个小女孩身边，安慰她道："小妹妹，不要生气了，大家做游戏，重要的是开心。"

结果旁边一个男孩告诉我："阿姨，你别安慰她了，她一直就是这样，只要别人不听她的话，她就会哭。"

小男孩的话就像开了一个头，立刻又有人跟着说起来："阿姨，我跟她一个班。每次她的东西都要放在固定的位置上，一旦谁不小心占了她的位置，她就特别生气。”

……

这时，小女孩的妈妈来了，见到孩子哭也并未劝解，反而安慰我们道：“没关系的，我的孩子我了解，从小就是这样，什么事情必须都按照规矩来。没关系的，一会儿就好了。”

尽管我觉得小女孩坚持游戏规则并没有错，但是为了坚持规则而生这么大的气，会伤心到哭起来，还是出乎我的意料。

女孩妈妈告诉我，小女孩的爸爸是军人，从小就给她定了不少“规矩”。比如：吃饭必须坐在哪个位置上，什么时间该跑步，什么时间该休息，什么时候该看电视，都有十分严格的时间规定。原本以为这样能够培养出一个事事有条理、做事自觉主动的孩子，却没有想到孩子越来越一根筋。

看着眼前的小女孩，我的内心不能平静，这个在约束中成长起来的小女孩，已经不再是凡事讲“规矩”，而是做人处事近乎偏执了。这是个信息多变的社会，每个孩子需要的都是极强的应变能力，如果孩子的天性被各类复杂而具体的框架所困，表现出的必然是僵化、封闭的思维模式和行为结果。

哲学家弗洛姆说过：“教育的对立面是控制。”不要让孩子认为每件事情都有所谓的“规范”“规则”，更不要因为孩子不能达到这些目标、不遵守这些规则，而对孩子进行批评或是惩罚。

或许有的家长会担心，完全任由孩子自由成长，会令孩子染上一些恶习，比如打架骂人、毫无礼貌等。然而，需要声明的一点是：避免用琐碎的规矩束缚孩子，并不等于可以纵容孩子的不良行为。

一次，我带女儿去医院探望一位刚刚生完宝宝的朋友。因为不是独立的病房，所以也来了其他产妇的家属和朋友。

聊天期间，有个不知谁家的小男孩，一会儿翻翻床头柜，一会儿摆弄摆弄氧气瓶管线，充满了好奇。

紧接着，紧靠窗户，上面躺着一位产妇的那张床引起了他的注意。他发现那里人少，还有个可以控制床头高低的摇手，就跑过去一会儿左摇摇，一会儿右摇摇。尽管由于力气不大，不会造成床头调节过度起伏，但最终那位剖宫产的女士还是因此疼得叫出声来。

正逢护士过来查房，护士大声斥责起来："谁家孩子，注意看管啊，病人很虚弱，刀口很疼，哪能这么惯着孩子呢？"

这时，小孩儿的妈妈才用半教训的口吻说道："别玩儿了，快过来，再玩儿的话，护士姐姐给你屁股打一针。"小男孩没玩儿尽兴，充满怨气地看了护士一眼，躲到了妈妈身后。

等护士出了病房后，这位妈妈对旁边的人诉苦道："现在养个孩子真不容易，管得多了，说是抑制孩子的天性；管得少了，他又不听话。我也不知道怎么教育了，干脆就让他自由成长好了。"

实际上，约束和放任都是将孩子的培养推向了极端。

如果给孩子绝对自由化的成长空间，孩子就可能在言行上无法无天，做事情毫无顾忌；而如果处处给孩子制定言行上的刻板规则，孩子的成长也必然畸形，孩子会性格懦弱，凡事不敢独立做主。

每个家庭，都应该根据自己孩子的特点，结合生活空间和其他社会空间的言行准则，为孩子量身打造一个属于他的相对自由成长的空间，以此滋养他，使其成长为一个独立的又不缺教养的孩子。

家长这一边放手，孩子那一边独立

母爱之所以伟大，是它能够让孩子从中获取成长所需要的温暖和力量。但即便如此，这份爱也应该有个“度”的把握，过度的关注，反而是对孩子成长权利的一种剥夺。

燕子常常抱怨母亲给予的爱过于浓烈，沉重得让她有些喘不过气。事实上，燕子已经37岁了，已经有了自己的小家庭，为了更好地照顾母亲，她把老人接到了同一小区。没想到，她被母亲“照顾”的日子就此开始了。

燕子母亲和很多老人一样，都有早起逛早市的习惯。老人每天都会捎带一些水果、蔬菜之类，亲自送到燕子家。有时燕子还没起床，母亲就已经用燕子给的备用钥匙推门进来了。本来是考虑母亲日常过来方便给她一把钥匙，现在却反而让燕子恐惧极了，甚至每天早上都恐惧房间随时被打开。那份私人空间被侵犯的不安与烦躁，让她难以接受，即便那个拿钥匙的人是自己的母亲。

燕子的母亲我见过，非常慈祥也很勤快，与很多母亲一样，对自己的儿女有着永远放不下的心。经过一段时间的挣扎，燕子和母亲进行了一次认真的沟通，希望母亲能给自己一个独立的空间。结果母亲很伤心，认为燕子身在福中不知福，自己这样做是多少人求之不得的福气。

“你知道吗？就没有我妈不过问的事。”有一次，燕子向我抱怨道，“我每天工作怎么样？我要去哪儿？我要见什么朋友？我妈都要打破砂锅问到底。就连什么样的天气该穿什么样的衣服，我妈都要过问。我感觉自己好像从来没有长大一样，我甚至感觉自己一无是处，居然还不能脱离妈妈的照顾。”

是的，如果这份爱太重，那么给人的感觉就不再是温暖，而是一种绑架，它会让子女产生一种“没有妈妈我什么都做不好”“我的生活不能离开妈妈”的错觉。而母亲呢，会从孩子的这种依赖中，体会到自身存在的价值，但完全忽略了孩子是一个独立的个体。

作为家长，如果不懂得放手，在孩子学会走路后，依然将孩子抱在怀里；在孩子上学后，依旧不让孩子去做力所能及的事情；在孩子结婚后，依旧无微不至地照顾着他的生活，那么孩子永远无法成为一个成年人，即便已经二三十岁了，他在心理上仍旧是个婴儿。

我们疼爱自己的孩子，目的是让他更好地生活和学习，但疼爱过重，那份甜蜜的保护就会形成一种无形的压力，如同一棵小草一直生活在大树下，在被树荫笼罩呵护的同时，也失去了阳光风雨的洗礼，势必会生长得营养不良。

当然，爱孩子是一种本能，要学会放手的确不是一件容易的事，我也曾一度为此苦恼。女儿上小学时，还保持着自己收拾房间的好习惯，但到了初中，她的被子甚至都懒得叠起来。最初，我帮她收拾房间、整理书架，以为这样可以更好地为她节约学习时间。结果，我的好心反而帮了倒忙，她经常因为找不到自己需要的书本资料与我争吵。有一次，我扔掉了一张看似无用的皱巴巴的废纸，结果居然是她为班级文化角设计的草图，搞得我也为此自责起来。

我所认为的垃圾，竟然是孩子的宝贝，我所认为的干净整齐，却让孩子觉得极为不方便。就在我纠结到底谁对谁错的时候，却忽略了孩子的房间怎样摆放，恰恰是孩子意志的体现，而我的整理，则是无意中对孩子意志的忽视和伤害。

后来，我与女儿进行了一次诚恳的谈话。在谈话中，我们约定了如下几条：

第一，以后进入彼此房间要敲门。之前我经常在孩子学习时，推门为她送一些水果、牛奶，这份关心反而干扰了她的学习和与同学间的视频沟通，甚至她会担心自己的一些隐私被我看到。

第二，孩子的房间，交给她自己收拾。尽管收拾房间不是她太情愿的事，但相比我替她收拾所造成的困扰，她更愿意自己确定何时进行整理。

第三，参与家庭公共空间的整洁和其他日常事务的打理。在给孩子自由的同时，我希望她也能是一个讲规矩的人。属于家庭成员共同的地方，要有意识地保持整洁。而对于基本的垃圾清理、碗筷清洁等事务，也要适度参与进来。

如此一来，孩子有了自我独立的隐私空间，有了自我整理的权利，那种脏乱差的情况也开始逐渐好转起来。

我想，在日常生活和学习中，不管孩子遇到什么事情，放手让他自己去选择和决策，孩子做错了也没有关系，相对于成功，有意义的失败对孩子而言才是最有价值的。

如果我们无法确定何时为孩子提供帮助，不妨这样想一想：我们所管的这件事，是孩子自己的还是我们的？如果是孩子自己的事情，那么我们能够做的就是提醒，而不是强求。比如天冷了孩子需不需要多穿一件衣服这件事，在三岁时，家长可能需要给予无微不至的照顾，但是对于一个十几岁的孩子甚至二十几岁的青年人来说，家长还会为此插手，那是不是太过于低估了孩子的自理能力？

所以，作为家长学会放手，孩子就会慢慢在独立中成长起来。

给孩子弥足珍贵的选择权

朋友章涵的孩子，是我见过的所有小孩儿中，课外兴趣班科目最多的孩子。孩子的课程表上面写着钢琴、舞蹈、围棋、绘画、口才、话剧……时间被安排得满满的。在这些课程中，除绘画最能让孩子产生兴趣之外，没有一科是孩子自己想学的。尤其是围棋课，是孩子一点儿都不想学，却每次都要被妈妈逼着去学的课程。

我不理解章涵为什么要让孩子学这么多。她告诉我，自己小时候家境不好，自己本来好多兴趣班都想参加，结果哪个都没机会上，看着同龄孩子可以日常参加各种活动，她特别难过。现在她也有了孩子，她不希望自己的孩子也和自己一样，所以她努力创造条件让孩子参加各类兴趣班，认为这样既能激发孩子的广泛兴趣点，还能应对未来多元化的社会竞争。

章涵所表达的和所期望的有她作为母亲的深深的爱在里面，只是忽略了孩子自己的主动选择权，与很多家长一样，都是用“我是为你好”这样的思维去对待孩子，以为自己的选择就一定是适合孩子的选择。殊不知，孩子的选择很可能和家长背道而驰。

还有日常的鞋子、衣服、饮食、运动等，我们只是站在自己的角度给孩子做了某种选择，加上我们自身态度强硬，孩子可能只是没有表现出反抗，但这未必就代表他喜欢。

当然，你会觉得孩子太小，怎么能客观评判某个商品、课程的好坏呢？事实上，孩子在婴儿期，就已经懂得了选择，只是这样选择背后的认知需要时间来积累而已。女儿两岁多时去商场，只要看到粉色的衣服，就会很兴奋，有时候还会挑出来放在我身上，示意我穿。

随着孩子的成长，他们的认知也在不断地提高，渴望自己进行选择的心理也更强烈，不管是穿什么、吃什么，还是买什么、学什么，他们都渴望能够自己做决定。

而对于孩子的决定、选择是否客观、标准是否准确，也不是没有弹性可言。我们可以根据孩子的年龄、性格等方面来做综合考量。能够让孩子自己做决定的事情，一定是在孩子的认知范围内的。如果超出了范围，孩子自然会感到茫然失措，胡乱选择。在合理的范围内让孩子选择，即便选择错了也不要紧，影响也仅仅是当下的，并且还会从错误的选择中得到相应的经验。

如果孩子失去了自由选择的权利，就会变得胆怯、畏首畏尾，不能自主。

一个朋友曾向我抱怨，已经上初中的女儿和她的关系非常差，两个人经常发生冲突。她自己感觉冷，就好心叮嘱女儿多穿点，女儿死活不穿；她看到女儿的鞋子坏了，买了一双新的给女儿，女儿却宁可穿着那双坏鞋子，也不愿意穿她买的新鞋子；下雨天，她打着雨伞、提着雨靴去接女儿，但女儿看见她，却是一脸的不高兴，非要自己回家……

或许在很多妈妈的眼中，这个女儿简直太不懂得感恩甚至有些叛逆。但事实上，问题的根本却出在我的这位朋友身上。朋友总是以她的理解去看待女儿的世界：孩子的运动量大，所以御寒能力超过她，穿得少很正常；朋友喜欢以自己的审美去给孩子添置新鞋，并为孩子不愿意穿而感到难过，可她却不了解孩子对鞋子的质量、款式方面的具体要求；至于她不愿意妈妈雨天来接她，是她自己不希望被同学看作是处处需要被照顾的小孩子，甚至她更愿意淋着雨、蹚着水，一路走一路玩儿地回家。

不妨想一想，如果我们的关心在孩子那里碰到了冷冷的“墙壁”，这时请不要轻易冤枉孩子不懂感恩，孩子只是在用这种方式告诉家长：“爸爸妈妈，在这件事情上，我已经有了自己的想法，能够自己做决定了。”而我们收到这个“信号”后，能够做的就是，不要用自己的“关心”去打扰孩子的生活。

当我们跟孩子说“天冷了，多穿点”时，孩子如果说“我不冷，不用穿”，那么我们就应该知道，那是他自己的选择，他自己可以感知温度，正在慢慢与这个世界建立自己的连接。我们应该为孩子有了这份自我选择而高兴，并在态度上给孩子最坚定的支持、信任和欣赏。

请记得：生活中的每一件与孩子相关联的事情，首先给孩子提供一个自由选择的机会，鼓励孩子自己去做选择，并尊重他们的选择，这才是最真挚的爱。

这份爱，这份自由选择的权利，对于孩子的成长弥足珍贵；对于理解这份权利并给予重视的家长来说，也同样弥足珍贵。

托起孩子的理想，让他敢做敢想

“长大以后想做什么啊？”这恐怕是每一个孩子经常被问到的一个话题。而为了让孩子的职业理想金光闪闪，很多父母还会举出某某人因为不好好学习做了环卫工、捡破烂、卖菜、送快递等范例作为反面教材，以此激发孩子说出“我要成为一名飞行员、科学家……”之类的伟大而耀眼的未来理想。

但实际上，对于一个刚刚读小学的孩子来说，有时成为一名厨师的兴趣可能远远要比成为航天员更有吸引力。甚至在孩子眼中，他可能仅仅只是受到某一信息的影响就会很快将几个小时前的志向忘得一干二净。

有一次，闺密愁眉苦脸地告诉我：“你知道吗，我那臭儿子，长大了居然想当土匪，说是土匪吃得好，这可真愁人。”没错，这个答案显然对家长来说太过“打脸”了，人家孩子一旦被问起长大了想做什么，回答不是当科学家，就是要做宇航员，而“土匪”这个答案简直像是开了天大的玩笑，传出去能让人笑掉大牙。

好在闺密并没有批评孩子，她通过观察发现，孩子正是因为被老人看管时间较多，所以经常看一些战争题材的影视剧，而小小年龄的孩子只是片面觉得土匪的丰富饮食更让他喜欢，馋嘴的孩子常常盯着那些鸡鸭鱼肉的镜头咽口水。

与更大的孩子相比，年龄过小的孩子还无法理解理想、信仰的真正内涵。所以，家长大可不必小题大做，随着知识的不断拓展，他们必然会不断校正自己的理想目标。

就拿我的女儿来说吧，她的理想从最初的医生到后来的司机，又到后来的糕点师，目前是想当老师，总是在不停地变化着。不管她将来会干什么，有一点是不可否认的，那就是这些梦想都是有价值的。在孩子的心中，它要么是最美的，要么是最真实的，要么是最神圣的，我们都要给予尊重。

要知道，孩子只有敢想才能敢做。而在每一次实践的过程中，他都能有所收获，或许是发现了更好的自己，或许是获得了额外的知识。而这些都将为他们实现最终的梦想做铺垫。如果我们因为孩子的梦想不起眼，就将孩子的梦想扼杀在摇篮里，那么他就会失去一种人生体验，将原本宽阔的大路渐渐走成狭窄的独木桥。

要提醒自己，不管孩子的梦想多么荒唐、多么可笑，都是一个无价之宝。我们不能因为孩子想当农民，就说他没有出息；也不能因为孩子梦想能够住在月球上，就说他不切实际。试想一下，如果莱特兄弟最初对父母说要制造一只能够带人飞翔的大鸟，却遭到父母的反对时，那飞机的发明恐怕又要晚上许多年了。

一次上班的路上，我和一对母女一起等公交车。小女孩看起来有三四岁。当一辆环卫车从我们面前驶过时，车底的两个圆形大刷子引起了小女孩的兴趣，连忙问道："妈妈，那是什么车？"

"那是环卫车，开着这个车在街上走一圈，道路立刻就干净了。"女孩的妈妈说。

"我长大了也要开这个车！"小女孩雀跃地边跳边说。

"好啊。只要你努力学习，认真工作，行行都能出状元。"小女孩的妈妈柔声回应道。

这个答案简直太妙了，站在一旁的我都忍不住想要为这个妈妈鼓掌。因为有太多的家长，喜欢把职业分为三六九等，所以在孩子的心中，职业也有了高低贵贱之分。

我们小区里的绿化都是由一个乡下来的农民大伯负责，每天大伯就穿着一双旧胶鞋、一身蓝衣服，围着一个黑色的围裙，流连在花草树木之间。因为工作的问题，他的衣衫上总是沾满泥土。那天早晨，大伯像往常一样，正在给花花草草浇水，一个梳着羊角辫的小姑娘跑过来，冲着大伯喊道："你是农民！你是农民！"说完，做了个鬼脸嬉笑着跑开了。小女孩的妈妈就站在不远处，我们原以为小女孩妈妈会批评她不懂礼貌，却没料想她妈妈说道："你不好好学习，以后就只能当农民了！"

没有不望子成龙的家长，我们都希望孩子将来能够从事一份光鲜亮丽的职业，可是每个孩子的资质都是不同的，从为社会做贡献的角度来说，每份职业都是相同的。如果我们过于强调职业的高尚性，那么当孩子无法达到时，他的内心就会产生挫败感，认为自己是个没用的人。

上大学时有一个朋友，她从小就喜欢照相，长大以后又对绘画、摄影十分感兴趣。但是当她将自己这个梦想告诉给母亲时，母亲却给她泼了一盆冷水：“就咱家这个条件能供你念书就不错了，还想学这学那的，你就把课本上的知识学会就不错了。”

后来这个朋友考大学时，被迫按照母亲的想法选择了会计专业，尽管她一点儿也不喜欢这个专业。但她强势的母亲坚持认为，这个社会，哪儿也缺不了算账的人，学这个专业永远也不会失业。结果，她成了公司里摄影最好的会计，只是看上去总是那么不快乐。

美国著名的篮球运动员“飞人”乔丹，他小时候的身体条件并不出众，也几乎没有人能看好他的未来。但当他对母亲说自己想要成为著名球星时，他的母亲没有否定他，而是为了他的梦想摆宴席庆祝，还鼓励他说：“想要成为著名的球星，就要向著名的球星学习。”为此，乔丹的母亲还为乔丹买来了很多体育杂志，与他一起探讨学习，并将杂志上的球星图像剪下来，贴到乔丹的房间中，以此来激励他。

果然，有了家人的鼓励，刻苦训练的乔丹真如他小时候所说的那样，最终成了扬名世界的篮球明星。

因此，作为家长，如果我们想要培养出一个有自我理想的人，但凡孩子提到的某一职业或兴趣，都切记不要急于贬低或否定，而是要以常规心态来面对孩子，这会让孩子感觉到在面对自己理想时，得到了家人的支持。

同时，若有能力把孩子的理想具体化，能够有针对性地进行规划、指导，那么孩子在实现自我理想的道路上，会拥有更多的可能性和自信心。

愿我们都能激发孩子找到属于他自己的那份理想，因为唯有这样从心而发的理想才会让孩子有主动行动的动力，他才会在圆梦的过程中变得坚强、不退缩，并能够在克服困难的过程中得到快乐。

守护孩子的隐私，就是守护他的心灵财富

孩子从小学一二年级开始，班主任或语文老师一般会鼓励孩子写日记，我家孩子也是如此。有一次，无意间与几个家长聊到了写日记的事，大家纷纷分享了当年自己是如何藏日记的趣事。有的说，自己把日记藏在天花板上面；还有的说，把日记上锁，再把上锁的日记放到上锁的抽屉里；还有的说，包上书皮，和其他书籍混在一起……然后在哈哈大笑中，为自己曾经的机智点赞。

只有悠然妈妈不太愿意分享，大家开玩笑地问她是不是有什么童年伤疤。经这么一问，悠然妈妈慢慢打开了话题："我读三年级的时候，很喜欢教我们的一位体育老师，那个时候同学们都写日记，我就把这份喜欢写在了日记里。不承想，有一天放学，刚刚走到家门口，就听到父母在聊关于我的什么话题，仔细一听，居然是我日记里的内容。我到现在

还记得我进房间时，妈妈向我投来的那个狠狠的目光和那句‘小小年纪，你不学好啊你’。”

悠然妈妈此时眼中带泪，很明显还没有抚平小学时期那份创伤。她看了看我们，接着说道：“唉，那个眼神包含着愤怒、指责、蔑视，唯独没有愧疚。两周后的期末测试，我的某科成绩很糟，这让父母一下子抓住了把柄，晚饭的时候还拿出那本日记的内容说事。当天晚上，我把我所有的日记都撕碎了，然后躲在被窝里哭了整整一夜。”

悠然妈妈其实已经是十岁孩子的家长了，谈到日记隐私话题，依然在情绪上波动很大，这说明孩子的隐私一旦被曝光甚至受到讥讽，给当事人带来的可能是一生的痛楚。

作家尼尔·波兹曼在《童年的消逝》中说过：“没有秘密就没有儿童时代。秘密伴随着孩子的整个成长过程，代表着孩子自我意识的苏醒。”当孩子有了秘密时，也就有了承载他秘密的载体，比如日记，日记可以说是孩子心灵的窗户，我们绝对不可以随时打开这扇窗，去看看里面究竟藏了什么！

家长偷看甚至明目张胆地翻看孩子日记的理由是对孩子的关注和担忧，怕他吃亏、被骗或者有些事情被隐瞒而耽误处理，却不知孩子将一些情绪、秘密写进日记，就是为了自己去消化或记录，不希望被家长看到而已。

日记那个小小的世界如同孩子一片神秘而独立的领域，不希望被他人碰触，其中也包括自己的父母、老师和周边的人，除非他给了打开日记的授权。

很多如悠然妈妈的妈妈那般的家长，那份关爱已经是一种变相的控制和极为不妥的冒犯，完全没有把孩子的自尊、自立放在眼中。

有位知名演员曾经说过：“秘密是孩子内心最宝贵的财富。孩子有孩子的人生，想要孩子拥有健康的人生，就必须让孩子明白什么是对的，什么是不对的。如果自己都做不好，又怎么去教孩子呢？不看孩子的日记，不翻看孩子的手机，是对孩子最起码的尊重。”

作为家长，我们不能以“爱”的名义去做一件错事，然后还要理直气壮地对孩子说“我这是因为爱你”。要知道在孩子的内心，他所接收到的不是爱，而是“妈妈不尊重我”“爸爸不理解我”，甚至错误地理解为“偷看别人隐私是对的，没有什么大不了”。

我的女儿三岁多的时候，经常拿着大大小小、花花绿绿的盒子、罐子跑到我面前，然后让我猜里面到底有什么。但是她总是担心我会随时打开她的这些藏着各类宝贝的盒子、罐子，常常让我发誓不能去打开。

三岁的孩子，她的百宝箱里存放着的可能仅仅是石头、纸片和弹珠之类的玩意儿，但她坚决相信自己拥有的宝贝是天底下最漂亮、最神奇和最珍贵的，她会努力捍卫她作为箱子主人的所有权。

她常常会在我面前小心翼翼地打开缠了好多线条的小

锁头，然后从里面拿出两颗彩色小石子，一脸骄傲地问我：“是不是最漂亮？”我会故作惊讶地配合演出。

当然，随着她年龄的增长，她的百宝箱已经变化为各类灵感册子、少女日记、心情绘本等，尽管在整理她的房间时，这些似乎藏着魔力的本子、册子吸引着我前去探索，但想到她从小就为自己的隐私而斗争的样子，我就强忍住了自己的那股好奇。

在电视剧《小别离》中，妈妈在女儿的垃圾桶里翻出了孩子写的小说，她怒气冲冲地质问孩子为什么不好好学习，却做这样无聊的事情。孩子因为无法解释其中缘由，哭着将小说撕了个粉碎。最后爸爸在夜里用胶水一点儿一点儿将小说粘好，这一行为感动了女儿，让她觉得自己的爸爸才是真正帮着她守护她心灵财富的看门人。

具有心理咨询工作经验的我愈加明白：日记本上的那把锁，代表着孩子的心理界限，即便是最亲密的妈妈，也不能越界。可能正是因为如此，女儿的日记本，渐渐地从上锁变成了无锁，因为她相信她的妈妈会尊重她的隐私，如果没有得到她本人的亲自授权，那把隐形之锁永远都会锁住她内心世界全部的秘密。

如果我们不小心看到了孩子的日记，并被孩子知道了，不要理直气壮地证明自己只是因为爱孩子。如果真的爱孩子，正确的做法应该是真诚地道歉，并保证以后不会再这样做。

当然了，最正确的做法，就是在看到孩子秘密的那一刻，选择原地放好，不去窥探，也不去揭穿。只有我们尊重孩子，孩子才能够信任我们。而信任是孩子向我们敞开心扉的唯一途径。

第三章

培养孩子好的进取心态：让孩子不畏挫折

当我们帮孩子抵挡了他本来要去面对的风雨，那就等于剥夺了孩子学会坚强的权利。家长只有以一颗坦然的心，让孩子自然而然地去接受不同阶段的小小挫折，才有可能让孩子真正踏上成长之路。

不要剥夺孩子坚强的权利

每位家长都希望自己的孩子可以快乐成长，尽量不受委屈。甚至当孩子受到不公平对待时，表现得比孩子还要焦虑、愤怒。我也曾经是这样的家长中的一员。

女儿在社区有几个日常玩得很好的小姐姐，几乎每天睡前都和我讲这些小姐姐与她之间发生的各种故事。慢慢地，有些小姐姐因为到了上幼儿园的阶段而逐渐减少了与她玩耍的机会。

周末的一天，女儿在阳台的窗户前发现了一个熟悉的小姐姐正在小区里和其他小朋友捉迷藏，她急着让我带她下楼去找。当女儿兴奋地喊着“姐姐，姐姐”去靠近那个小姐姐时，小姐姐并没有表现出曾经那样的热情，而是喊了句：“快走开，我们正玩捉迷藏呢，别打扰我们！”

看着跑远的小姐姐，女儿显得有点伤心，呆呆地站在那里，不知所措。作为家长，我的内心也很难受，但又担心我的安慰会加重她的失落，所以也跟着站在那里不知所措。

隔了一会儿，那个小姐姐跑了一圈后，又绕到女儿面前，加了一句："我有新朋友了，以后我就不和你玩了，你知道了吧？"

听到这样确切的消息，我转过身去，担心被女儿看到。我不理解这个小姐姐为何会这样说话，或者这样的表达到底是出于什么目的。此时，先生打来电话，喊我们上楼吃饭。回来的路上，我拉着女儿的手，悄悄观察她的表情。女儿蔫蔫的，但还好没有我想象中的那么脆弱。

一周后，我带着女儿在小区散步。当我坐在长椅上休息时，女儿很快加入了一群小朋友的游戏当中。女儿小小的身体跳跃着，脸上又洋溢出曾经的那份快乐。

晚上，临睡前，我试探着问女儿："宝贝，你今天玩得好开心，是不是又交了新朋友啊？"

女儿一骨碌爬起来，开心地告诉我："是的啊，而且我一下子认识了两个呢，她们都说喜欢我，还说以后一起上幼儿园呢！"

"哦，是吗？那前几天那个小姐姐说不和你玩了，你是不是很伤心啊？”我趁机问女儿。

“嗯，我伤心了好长时间呢，但是她有新朋友了，我也有新朋友了，就不伤心了啊！”女儿答复道。

看到这个事情没有给她带来什么心理阴影，我放心了很多，也自觉自己看低了孩子的承受能力。我也暗自庆幸自己当时没有像一个老母鸡般站在孩子的面前，冲着那个小女孩做些抗议，那就真的在无形中剥夺了孩子面对问题的自我承受、成长能力。

每个人来到这个世界上，都会在经历幸福和快乐的同时，经历磨难与痛苦，只有小时候在摔打中成长起来，才能勇于面对成人后的挫折和打击。

小时候是摔跟头、跟小朋友吵架，长大了可能是学习和工作中的一些不顺利。任何挫折都是一种成长的历练，家长就算再疼爱自己的孩子，也不可能永远替他包揽全部难题，这本身也是对他成长的不公平对待，是一种错误的爱。

所以，在孩子还小的时候，不妨给他来一点儿挫折教育，将他推出去，让其遭遇一些挫折，以此锻炼孩子承受挫折的能力。而这需要我们狠得下心，能够忍受孩子在我们面前受些委屈。

一天，吃完晚饭后，我去小区公园散步。途中，一个三岁左右的小男孩从我的旁边气喘吁吁地跄过，朝着远处的两个稍大一点儿的男孩背影喊：“哥哥，你们等等我呀。”三拐两拐，他们都跑远不见了。

又过了一会儿，我身后不远处传来低语声：“别说话，他跟过来了。”我闻声望去，两个五六岁左右的男孩蹲在长椅后面，正观察着周边动静。我正想着可能是刚刚被小男孩追赶的那两个大哥哥，忽然那个小男孩弓着身子出现在长椅子旁边，一脸兴奋道：“哥哥，我终于追上你们了！”

“真烦人！赶紧跑！”两个男孩说着，一前一后反方向跑远了。

小男孩依旧不放弃，在后面慢慢地继续追。我也跟着小男孩奔跑的路径往前走，忽然听到不远处一位女士的喊声：“子辰，先过来喝口水。”

“我不渴！”那个小男孩回应道。

看来她是小男孩的妈妈，我走近和她聊了起来：“那个小家伙是您儿子啊？”

“嗯，对啊。”女士合上书，抬起头来，笑着回答我。

“明明那两个孩子不愿意带着他玩啊，您咋不劝劝您家儿子呢？”我笑着问她。

此时，刚才的两个男孩跑了一圈，又碰头之后绕过了这里，继续往前跑，明显是为了甩开那个小“跟屁虫”。

“不用劝，他就是想跟着人家玩，但是人家嫌他小，不愿意带着他，但是又担心甩不掉他，就反复绕圈跑，想让我儿子彻底放弃，我看着他们都这么跑好几圈了。”女士笑着说道。

“妈妈，你刚刚看见那两个小哥哥从这里跑过去了吗？”小家伙跑到妈妈身边，满脑袋汗水，问道。

“是的啊，但是他们跑得很快，你想追上去就要努力哦！”妈妈看着儿子，认真地回答道。

“明明人家就是不想带着他嘛，何况追上去了也未必就同意和他一起玩了啊。”我又问她。

“现在很多家庭都是一个孩子，都很宠着，让孩子自己多受点挫折，多和别人接触接触，然后遇到问题自己解决，这也算是一种教育吧。”女士答道。

“那您不心疼吗？”我脱口问道。

“当然心疼啦！”孩子妈妈陡然提升了音高，“可是心疼管什么用啊，我又不能代替他长大，如果这点挫折都接受不了，以后怎么办？不过您看，我儿子也没那么失落，可能他自己都没我们想得那么多，他可能觉得这本身就是一种你追我赶的游戏吧。”

我一时语塞。

现在的孩子受到的呵护多，但过度的呵护会让孩子形成一种心理惯性：别人一直将我当宝，你凭什么当我是草？当这种惯性大到一定的程度，就很难再改变过来。就如在顺境中待久的人，无法适应逆境的反差一般。

所以，适度收起自己的那份玻璃心吧，当我们帮孩子抵挡了他本来要去面对的风雨，那就等于剥夺了孩子学会坚强的权利。家长只有以一颗坦然的心，让孩子自然而然地去接受不同阶段的小小挫折，才有可能让孩子踏上真正的成长之路。

每个孩子都有一颗冒险的心

一个人的探索与冒险精神是需要从小培养的。孩子们来到这个世界上，只有通过各种活动不断积累各种经验，才能不断提升自己的能力。

朋友的女儿刚上幼儿园时，看到同龄大小的孩子玩轮滑，也嚷嚷着要妈妈给她买，想与他们一起在广场自由地滑来滑去。实际上，我朋友的内心是矛盾的，一方面希望孩子可以锻炼一下胆识，经由自己的努力，可以自由地享受运动的乐趣；另一方面，也常常听到某家孩子因为轮滑锻炼而磕碰了骨头，留下了后遗症，她担心这样的问题发生在自己孩子身上。

经过几番思想斗争，当她准备购买时，孩子爷爷奶奶的到访又打乱了计划。他们得知了朋友的决定，一致认为这么小的孩子玩轮滑太危险了，万一摔坏了胳膊腿，那要后悔一辈子的。

这个“后悔一辈子”的说辞的确吓到她了，最终打消了给女儿买轮滑鞋的念头。女儿幼儿园毕业后的一天，看到满社区的孩子都在快乐地滑来滑去，她忽然有些后悔，觉得应该给孩子一个尝试的机会。当她最终决定把她的看法告诉女儿时，女儿却不再像过去那样跃跃欲试，而是怯怯地拒绝道：“太危险了，我怕摔倒，不要给我买！”

如此，朋友的犹豫让孩子失去了正当时的那种发自内心的渴望与尝试，到今天孩子依然在运动方面有些过于保守。这让我想起自己后来看到的一期真人秀节目，嘉宾妈妈自己感觉沙子太脏，就绝对不让孩子触碰；因为担心桌椅的边角会磕碰身体造成危险，索性搬光了客厅所有的家具，一家人坐在地上吃饭。

太多的家长出于保护孩子的目的而屏蔽掉了危险发生的可能，殊不知，这同时也让孩子失去磨炼的机会。外在的伤痛终会痊愈，但性格的软弱可能伴随一生，那些看似调皮捣蛋的孩子，往往最终能在大风大浪的人生困境中摸爬滚打，不怕困难。

孩子的冒险代表着对新事物的探索，而家长的保护则是对这一宝贵进取精神的禁锢与破坏。

小时候和爸爸打羽毛球，一个不小心，羽毛球飞到了房顶上。我不甘心，坚持要想办法把球取下来。爸爸鼓励我道：“那你好好想想，怎么能把球取下来？”

我四处找工具，结果在杂物间看到了一个木梯子，我拽出梯子，搭在墙面上，爸爸也过来扶着梯子帮忙。墙好高，梯子也越来越抖，但我最终还是小心翼翼地把球取了下来。那一刻，我觉得我好像什么都不怕了。有了爸爸的鼓励，我觉得自己是全世界最勇敢的孩子。

所以，如果有家长遇到孩子主动想去尝试某个冒险行为时，可以在有安全保障的前提下，让孩子意识到冒险可能发生的相关问题及应该注意的相关事项，这样的冒险就无比珍贵。一旦孩子通过这一努力而获得了成功，他会因此而获得极大的自信，即便失败，他也知道问题到底出在哪里。

当然，在这一过程中，孩子难免有某种冒失、做过头的可能而导致失败或者受到某些皮肉之苦，这时，家长千万不要以“你怎么不听我的忠告”“告诉你不行，你还非要自己试”之类的语言予以贬损，而是要尽可能地让他再次去尝试，不必为失败而担忧。必要时，我们还可以选择和孩子一起冒险。

女儿两三岁时，对家里的一切都很好奇，冒着热气的开水、插头插进去就能亮起台灯的插座、燃气的火焰等，都是她想搞明白的事情。

对此，我会倒一杯热开水，然后给她做示范：我用一根手指轻轻碰触一下杯子，然后快速缩回来，嘴里喊声“烫”，然后女儿也去这样尝试。很快她就懂了“烫”到底是什么样的一种感觉。慢慢地，她开始懂得蜡烛、打火机和燃气的火焰会点燃物品，同时也会烧伤身体。

诸如此类的冒险尝试，我陪着女儿做了很多，慢慢地她可以根据积累的经验进行自我拓展，甚至还能鼓励其他小伙伴去做一些不会受伤的尝试。

家长总是怕孩子冒险，所以禁止孩子尝试，这反而是危险的做法，因为孩子总会在我们看不到的时候“闯祸”。与其这样，倒不如在我们眼皮底下让孩子做一些尝试，这反而能让他们印象深刻，不会再背着家长偷偷去行动。

因此，当孩子对冒险性的活动产生兴趣时，我们要从容对待，并不失时机地给予肯定和赞赏。不要怕孩子会摔跤，自己爬起来的孩子，他之后迈出的脚步会更稳健。

从一点点的坚持开始

孩子稍微大一点儿后，家长一般会带孩子参加一些小规模的竞技类活动。在活动中，有些环节需要孩子有耐性，但是有些家长担心孩子完成不了，就索性放弃了这样的参与，以此保护孩子的自尊心不受打击，这实在是一种错误的做法。

实际上，孩子多坚持一点点，对未来的成长就可能是一大步。其中，实在因为难度过高或其他特殊原因而需要家长陪同完成的，也尽量不要说放弃就放弃，这对孩子的进步实在毫无益处。

女儿三年级时，我带她一起参加了一个夏令营。开营第一天，孩子们就需要通过各个项目的挑战成绩排名来获得早、中、晚三餐的食物选择权。也就是说，排名越靠前，就越有机会选择更为丰富、可口的食物。

在攀岩的项目中，女儿明显不及其他项目那么积极，我很清楚，她有些恐高。果然，在爬到一半高度时，她的双腿开始僵硬。我在下面给她打气："宝贝，你可以的，加油！"

女儿悬在半空难以攀爬，有些孩子已经冲顶了，她开始向我求救："妈妈，我害怕，太高了。"

很多家长也开始给支招，但是显然女儿听不见半点建议，恐惧已经让她完全放弃了行动的动力。我征得教官同意后，戴上安全帽，系上安全绳索，然后慢慢爬到女儿的位置。

看到我爬了上来，女儿神态放松了一点儿，但随即又表现出委屈的样子。我安抚她道：“没关系，妈妈来陪你，我们一起挑战这个高度。现在，你随着妈妈的节奏走，眼睛向前看，一鼓作气冲顶吧！”

最终，我们以倒数第一的名次完成了比赛，但因为坚持到了最后而获得了教官和家长、同学们的热烈掌声。女儿也很高兴，仿佛自己是那个项目的冠军。

孩子就是在磕磕绊绊中成长起来的，所以家长不要总对他说“你还小”“你还做不了”，而是要鼓励他说“加油，妈妈相信你”“你这样做真不错”“你已经是个大人了”等，多给孩子自己发挥的空间，多给孩子鼓励和支持，多让他体验到成功的快乐。

有一年暑假，女儿看到自己很要好的小伙伴报名学习游泳，就也让我帮她报名和那个女孩一起学习。结果不到一周，因为那个女孩放弃了学习，女儿也打算就此放弃。的确，学习游泳不是短时间的事情，尤其是她看到了现场有人学习时出现呛水的情况，就更不打算坚持了。

我想起一本书中的一句话："15 岁觉得游泳难，放弃游泳，到 18 岁遇到一个你喜欢的人约你去游泳，你只好说'我不会啊'。"实际上，这句话对我自己的刺激很大，因为我也曾中途放弃了游泳的学习。今天，女儿也即将要中途放弃，我不想让这样半途而废的事情再次发生。人生很多事情，在当时也许只是坚持一下，就会有一个完全不一样的结果。

想到女儿喜欢一档综艺节目，尤其喜欢里面的女主持人小欣。我就和她讲起了小欣关于"坚持"的故事。

小欣在成为娱乐主持人以后，才发现自己安静的性格似乎并不太适合主持综艺节目，在节目中她就像是一个摆设，永远站在最靠边的位置。这让她开始怀疑自己的选择，无数次想要退出。但每当这个时候，朋友阿隆就会劝她说："你再坚持一天。"

就这样，坚持了一天又一天，小欣坚持了整整十年。在这十年里，她找到了一条适合自己的主持之路，她在台上时，不再感到拘束和压抑，这也让她获得了越来越多人的肯定。主持或许不是小欣最喜欢的事情，但是她通过在这条路上的坚持，让自己做到了最好，然后再通过主持所带来的收益，去做自己更喜欢的事情，活成自己喜欢的样子。

女儿听了，陷入思考。我继续鼓励她道：“妈妈鼓励你再坚持一下，并不是希望有一天你能够成为游泳冠军，或者是游得多么的好。而是希望你能够在这件事情中，体会到‘坚持’所带来的成就感。我希望你能再坚持一下，希望你在这样的一个喜欢玩耍、戏水的年龄里，可以像一条鱼一样，自由地游来游去。只要你能坚持一点点，就会实现这样的可能。”

最终，女儿重新开始了游泳锻炼。这期间，她呛过水、被教练训斥过，但都一点点坚持下来，终于她可以在小伙伴的赞许目光中游来游去了。她非常庆幸自己最初的坚持。

面对挑战，面对困境，孩子产生退缩的想法，这再正常不过了。我们不必因此就给孩子扣上“没常性”的帽子，也不必当下就要求孩子必须坚持到底。

我们只要以他所能接受的方式，鼓励他坚持一下、再坚持一下，让他不断地从每天的一点点坚持中获得动力，孩子就会在这种因坚持而产生的“惯性”行为中，不断拓展自己前进的可能性，最终坚持到底，直抵目标。

输了也没什么大不了

如果家长过于执着输赢，只会让孩子陷入强大的压力当中而无法自拔。正确的做法是：要让自己的孩子既有自信心，又要以一颗平常心来面对竞争，做到不认输、有毅力，胜不骄、败不馁，学会竞争、适应竞争，从而在竞争中获得成长。

一次，朋友带着她的女儿彬彬来我家做客。两个小朋友年龄相差不多，所以很快就玩到了一起。我们在沙发上聊天，女儿和彬彬在我们旁边下围棋。

彬彬好胜心强，摆好棋盘后，扭头向她妈妈表示一定能赢。我女儿当然也不示弱。所以一开始两个小家伙就进入了紧张的对弈状态。我不太懂围棋，但是能明显看出彬彬的状态是步步紧逼，而女儿那边则是迂回战术，并不纠缠。

很快，彬彬棋走下风，脸上的表情有些挂不住，开始有意无意出现悔棋行为。最初女儿能够接受，但是有了前几次的妥协，女儿开始警告："彬彬，棋子落盘就不能再动，否则就是犯规，这是规则！"

彬彬妈妈担心孩子输，也在旁边时不时地提醒她要"想清楚"。

到了最后，彬彬棋盘上的大部分地盘已经被女儿占领，小家伙索性把手里的棋子往棋盘上一扔，用小手将黑白棋子打乱成一片……

输不起的彬彬开始闹情绪了。

"输不起"是很多小孩子的成长特点，这显然与家长平日的教导有直接关系。

彬彬妈妈善意的提醒实际上加剧了孩子担心输掉对弈的不安心理，孩子本能地会觉得妈妈不想让自己输掉比赛。这与平日彬彬妈妈看重输赢、凡事争第一有关，否则孩子刚刚准备下棋时就不会刻意向妈妈强调自己一定会赢。

当孩子经常向家长表态一定会赢，说明他经常性地以赢得名次而获得家长关注，家长的及时赞美又更加促动孩子下次一定还要赢的心理。但是要注意的是，其中只求赢而不准输，或者输了就很丢脸的潜在意义，会让孩子无法接受失败的事实，因为这样会让孩子无法享受到那份被人关注的独特感受。

那一天，为了让两个孩子能够愉快地玩耍下去，我组织她们玩些女孩子都爱玩的过家家游戏。结果没过多久，两个孩子还是争执起来，原来是两个人都想扮演妈妈角色。我和彬彬妈妈开始各劝各家孩子做些妥协，最终还是女儿做了让步，以小主人的身份陪伴小客人一起做游戏。

临到告别时，彬彬随口叨咕了一句“我再也不来你们家玩了”，这让我和彬彬妈妈都有些尴尬。显然，彬彬对于今天的围棋对弈和过家家游戏时的争执依然有情绪。

日常生活中，孩子输不起一般都有如下表现：

玩游戏时，赢了就高兴，输了就会闹脾气，甚至会出手伤人；在考试中非常看重自己的分数，成绩不好就哭泣，甚至不吃不喝；画画的时候，会因为没画好，就把整幅画都撕毁，并再也不愿意画画……

很多家长认为这是孩子“要强”的表现，说明孩子有非常强烈的上进心，并认为这样的孩子将来肯定有出息。但事实并非如此，真正有上进心的孩子，应该是能够坦然地接受失败的孩子，是懂得从失败中获取教训的孩子。

人生道路漫长，输赢只是一时，不能代表一世，所以孩子过度在意输赢的结果，只会平添烦恼。更何况，输虽然代表着失败，但是也蕴藏着经验和智慧。可以说，越早输过的孩子，才能更早获得成功。

小时候，我参加班级学习委员的选拔，因为一票之差，没能当上学习委员的我，回到家后哭得很伤心。母亲问清原因后，对我说："不要难过了，山外有山，人外有人，强中自有强中手。落选了也不是什么坏事，如果不是落选了，你又怎么能看到自己的不足之处呢？你正好可以借此机会，找一找别人身上更加优秀的地方，然后学习他，超越他。"

一番话，又点燃了我的斗志。但随后母亲又叮嘱我，别人当选也是一件高兴的事，应该与同学一起分享成功，分享胜利的喜悦。因为这句话，我之前有些嫉妒的心理也消失了。

事实上，聪明的家长应坦然面对孩子的失败。在看到自己的孩子失败时，不仅不要责备孩子，还要与他一起欣赏胜利者，从胜利者身上找出优点与长处，同时对比自己身上的弱点与不足，找到提高自己能力的方法。而孩子与父母共同分析自己需要提高的地方，这种家庭团队之间的配合也会增强他的自信心和动力。

孩子只有学会了平静地面对自己的失败，才能冷静地分析自己的失败在何处，从而才能晓得哪些地方还需努力，为在下一次的竞争中获取胜利奠定基石。

帮助孩子发现自身优势

孩子有了伙伴关系后，很容易因为对方的优越物质基础或特别之处而心生羡慕，希望自己也能拥有那样让人羡慕的不同。

在接送了女儿一段时间后，她从最初的新奇开始转为抱怨："妈妈，你能不能别老是骑着电动车接送我上下学啊？"

"为什么呢？"我好奇地问道。

"因为我们班级好多同学的爸爸妈妈都是开车接送，这样就不用担心刮风、下雨了。"女儿的解释似乎也有道理。

我之所以骑车接送女儿上下学，是为了践行低碳出行的环保理念。既然女儿有这个不太过分的要求，索性就开车接送她吧。

结果没过多久，女儿又开始羡慕起班级里乐乐家的漂亮小汽车、彤彤家从国外买回来的全套乐高玩具、玲玲那个会眨眼睛的爱莎公主。

孩子对这些美好事物的羡慕是正常的，但如果呈现不断升级状态，这种要不得的虚荣之心就需要家长格外注意了。我决定从女儿爱听故事的特点出发，慢慢使她这方面的思想进行转变。于是，我给她讲了一个故事：

蜗牛和青蛙是住在河边的一对邻居，但是蜗牛却十分讨厌青蛙，总是处处为难青蛙。一天，青蛙终于忍无可忍了，便问蜗牛："蜗牛先生，我并没有得罪过你，可你为什么总是与我过不去呢？"

蜗牛说："你是没有得罪过我，但是只要看到你那能够活蹦乱跳的四条腿和我这背上重重的壳，我就气愤不已。"

"蜗牛先生，你只看到了四条腿给我带来的好处，却没有看到我没有壳的悲哀。"青蛙无奈地说道。

话音刚落，一只老鹰飞来，蜗牛立刻将身体缩进了自己的壳里，青蛙却因为没来得及跳进水里而被老鹰捉走了。

"这个蜗牛也太傻了吧！它羡慕青蛙，自己也不能长出四条腿呀。再说了，青蛙还没有壳呢！"女儿听完故事后，立刻发表了自己的看法。

我也立刻响应道："你说得对，羡慕别人，并不能使自己变得更好。相反，还会让自己陷入羡慕别人所带来的痛苦中。你想啊，老是羡慕别人拥有的东西，那能不痛苦吗？而且还会忽略了自己拥有的东西。”

听到这里，女儿一副恍然大悟的样子，用手指着我说：“啊，妈妈，你是想用这个故事来告诉我，不要羡慕别人，是不是？”

我笑了笑，看着女儿，想听她还有什么感受。

“不过呢，你这个故事，确实让我明白了，羡慕别人没有用，而且也让我发现了自己有而别人没有的东西。比如：乐乐虽然每天有漂亮汽车坐，但开车的其实是专门请来的一位司机叔叔，她的爸爸妈妈因为常年在外工作，不能陪在她身边。有一次，乐乐跟我说，她都有半年多没有见过爸爸妈妈了呢！那个时候，我还觉得她很可怜呢！”

“也说不定，在乐乐的眼中，你是比她幸福的那个人。”我适时地补充了一句。

“怪不得乐乐总是想来咱们家玩儿呢！看来她是想过我的生活呀！”女儿的眼睛也亮了起来。

其实，每个人都有自己的优点，同时也有着自己的缺点。即使我们的孩子外貌平平，学习中等，我们也要鼓励他接纳自身，懂得爱惜自己。因为任何一个孩子都有不足之处，只有懂得发挥自己的长处，规避自己的短处，扬长避短，才能让自己更有吸引力。

新学期刚刚开始，为了鼓励学生们积极发掘自身潜在的特长，女儿的班级搞了一场班委会委员自荐活动，希望孩子们通过各自的能力展现而竞选成为班委会成员。

因为都是新同学，所以老师按照学生身高由矮到高的顺序让学生依次出场。女儿个子较高，出场顺序自然排后，这让她首先从个头高低的角度对身边几位同学有了一个初步印象，同时也对其他同学的特长有了一个提前认识。

比如：自己尽管会弹钢琴，但是居然有个同学的钢琴水平达到了十级；她一直觉得自己的画画水平还不错，甚至还获得过一些小奖项，但还有 位同学已经开始了难度更大的油画学习；还有一些同学歌舞出色，甚至有的还参加过市区的大型歌舞活动。

那天回家，她把当天的感受说给我听："妈妈，我怎么感觉自己一点儿特长都没有呢？"

听了女儿的话，我一时之间也有些不知如何作答。一个月后的家长会上，女儿班主任找到我说："你家孩子人缘特别好，班级的同学都喜欢她。"

“人缘好？”我不知如何回应老师的话。

“我决定了，想让你女儿做组织委员，她准能把一些活动很好地筹备、组织起来。”班主任笑着告诉我。

见我还是一头雾水的样子，老师耐心地和我说起了女儿在学校中的一些表现。在一次年级组的演出中，当别的孩子只顾着自己的妆容够不够好看，自己的衣服够不够合身时，只有女儿不是给这个系鞋带，就是给那个整理头饰。同学之间爱起外号，其他孩子被起了外号，总是立刻反击，或是怏怏不乐，但是女儿对于同学们给她起的外号，总是欣然接受，好像那不是一个外号，而是一个昵称……

老师零零碎碎地跟我说了许多，让我更多地了解了女儿在家庭之外的另一面。通过老师的描述，我对女儿有了更为充分的认识。

作为家长，我们难免以外部世界的标准去评价孩子，但是孩子不是物品，从出生那天起，他的人生就注定了没有标准答案。如果我们用所谓的标准去衡量孩子，那只会磨灭孩子最闪亮的一面。

我将老师的话和自己的体会告诉了女儿，我认为“人缘好”这个优势或者说特质代表着女儿强大的组织能力、难得的包容心，她善良、开朗，乐于帮助别人，在我看来，这些要比多少分数和多高级别的艺术等级都更为宝贵，这是他人无法短时间拥有的优势所在。

听到这些，她感到很意外，同样也没想到“人缘好”也算是优势。

细细想来，任何孩子都有自己的长处，也许这个长处并不是学校里所需要的，也不一定是老师所看重的，或者是受社会所追捧的。但是每种长处都有着它独特的价值，我们需要做的，不是将孩子按照“标准”改造成优秀的孩子，而是发现孩子的长处，让孩子成为独一无二的自己。

乐观是挫折的“天敌”

一个美国医生曾做过这样一个实验，他用水和糖再加上某种色素调制成了一种“安慰剂”，然后让患者服用。当患者对这个安慰剂保持乐观的态度，相信它的药力时，90% 的患者都因为这个安慰剂病情得到了减轻，甚至还有一部分人因此而痊愈。尽管医生开出的这个药方并不具备任何药力作用，但是他却充分地证明了乐观的作用，这其实就是一种心理暗示。

还有一个相反的例子。一个搬运工人被意外地关进了一间冷库里，他意识到，如果自己出不去，就会被冻死。20个小时过去后，当人们打开冷库的大门，发现了这名工人的尸体，从尸体外观上看，他确实是被冻死的，但是奇怪的是，当时冷库的冷气开关并没有打开。可以说，是他的悲观冻死了他。

这就是乐观的力量和悲观的下场。一个乐观的孩子，挫折在他面前就会变得微不足道；相反，在一个悲观的孩子面前，挫折就犹如一座大山，压得他喘不过气来，令他没有前进的勇气。战胜挫折的方式有很多，勇敢、坚强、执着……而首当其冲的是乐观。因此，我们要培养孩子战胜挫折的精神，首先要让孩子成为一个乐观的人。

有个名叫窦林的小男孩，因为学习成绩差，经常被年轻又负责的班主任留校，将当天学习的知识再温习一遍。在学校里，经常被老师留校可不是一件“光荣”的事情，因为只有那些“差劲儿”“没用”的孩子才会被留校，所以班里的同学时常在背后嘲笑窦林。有一次这些嘲笑的话语传到了窦林的耳朵里，让窦林感到很苦恼。窦林的爸爸知道这件事情后，是这样安慰窦林的：“老师工作了一天，已经非常辛苦了，她还要抽出时间为你补课，就更加辛苦了，她是希望你的成绩能够越来越好，所以你应该谢谢老师。”

窦林想了一晚上，他觉得爸爸说的话对，所以再次被留下补课时听得格外认真，他不想让老师白费辛苦。有一天，窦林又一次被留校后回家，对爸爸说，他想带一些吃的到学校，因为每次补完课，他都会感到饿。爸爸十分爽快地答应了窦林的要求，但是他转而想到，既然自己的儿子会饿，那么老师肯定也会饿。于是，第二天在窦林的小书包里，多了两块蛋糕，是窦林的爸爸亲自用烤箱做的，并且他还在放蛋糕的盒子里塞了一张小纸条，上面写着“老师您辛苦了，补课的时候你也饿了吧！”然后窦林的爸爸又对窦林说：“当你饿的时候，说不定老师也饿了，所以爸爸给你准备了两块蛋糕，到时候你可以分给老师吃。”

窦林带着两块蛋糕高高兴兴地上学去了，当天就把蛋糕分给了老师，据说老师感动得眼泪汪汪的。从那以后，窦林的爸爸每天都会花些心思为儿子准备小糕点，然后让儿子带到学校跟老师一起吃。孩子的纯真打动了老师，老师也经常带一些吃的给窦林，也越来越喜欢窦林，对窦林越来越好。

渐渐地，关于窦林“因为成绩差而被留校”的传言没有了，取而代之的是“老师给窦林开小灶”，同样的事情不同的说法，效果也就不同。起初窦林被同学们嫌弃排斥，现在反而成了大家羡慕的对象。当然，一起改变的还有窦林的学习成绩，以及他面对事情的态度。

窦林的爸爸叫大军，是我为数不多的异性朋友之一，前几年他跟妻子因为性格不合离婚，然后就独自带着儿子窦林生活。窦林没有像一般离异家庭的孩子一般，变得消沉叛逆，我想跟大军的教育有很大的关系。

被留校补课原本是老师的一片好意，但是在其他人的眼中就变成了一件令人“难以启齿”的事情，让孩子倍感压力。如果在这个时候家长再给孩子施加压力，只会让孩子产生逆反心理，对补课反感，甚至对老师产生厌烦之情。这样的补课不但不会让孩子的学习得以进步，还会让孩子感到羞耻和挫败。

为什么同样一件事情，在不同的人眼中会不同呢？这源于每个人对于挫折的认知不同，这也是一个人最终能够战胜挫折的关键。乐观的人，在面对挫折时，他们的认知是“这没什么，我会战胜它”，而悲观的人，他们的认知则是“天啊！我完了！”

任何事情都有正反两面，大军在这件事情上最大的成功就在于他教会了孩子如何乐观地去看待问题。他让孩子看到老师是为了自己好，看到了通过补课自己的成绩就能提高。所以，孩子才能够从失败中看到进步，从挫折中获得成长。

第四章

培养孩子好的品格操守：让孩子不卑不亢

美国教育家杜威认为：“同情心作为一种良好的想象力，使我们能想到人类共同的事情，反抗那些无谓地分裂人们的东西——当‘同理心’或‘同情心’这些东西成为一个人天性的一部分时，他就没有了自以为是，没有了居高临下，没有了敌视排斥，有了善良，有了豁达。”

真正的孝顺是爱的自然流露

孝敬长辈是中华民族的传统美德，然而，这种美德在一些独生子女身上却鲜有表现。一些家庭中的独生子女，表现十分令人失望，甚至令人心酸。我们经常会看到这样的情景：孩子生病了，一家人跟着忙前忙后地百般照顾；而父母身体不舒服了，孩子却很少关心、关注父母。孩子的这种表现让父母深感无奈，认为自己养了个“白眼狼”，根本不懂得感恩。

在古时候，子女对父母有“晨昏定省”之礼，即每天晚间要服侍父母就寝，早上要省视问安，这是子女侍奉父母的日常礼节。如若哪个子女不能遵守，则会被视为“不孝”的表现。现如今，虽然很少有家庭还会要求孩子做“晨昏定省”，但是教育子女要孝顺的思想却从未改变。

如果要评选在中国家长中流传最广的一句话，“我辛辛苦苦养你这么大，老了你一定要孝顺我”这句话一定能够榜上有名。我们的本意虽然是想教会孩子孝顺，结果却将孝顺转化成了一种责任，强加在孩子身上，忽略了孝顺本身的出发点应该是爱，而不是一种责任。正是因为如此，我们要求孩子“感恩”“回报”，以此认定自己培养出了一个懂得孝顺的孩子。

但问题恰恰在于，这种不能彼此温暖、互相传递的关注只是一种强加行为，甚至以命令、要求的方式来达成，那就是被动的、非自然的形式主义，孩子当然无法真正领悟，也就谈不上自动、自发地随着父母长辈的心情配合完成“孝顺表演”。

女儿刚上幼儿园的时候，正逢母亲节，于是幼儿园开展了一次以“孝顺”为主题的活动，其中孩子们有一项任务，就是为自己的妈妈洗脚。当天，我们从自己家带着洗脚盆赶往学校，然后老师一声令下，脱鞋脱袜子，等着孩子为自己洗脚。本来应有一个很有爱的画面，但是却让很多妈妈感到十分尴尬。好不容易等到老师说：“可以了，各位妈妈可以擦脚了。”我竟有一种“终于解脱了”的感受。

事后，我问女儿有何感受，女儿的回答竟是“妈妈的脚不臭，爸爸的脚臭。”这个回答让我哭笑不得。随后女儿又问我感受如何时，我实话实说道：“没有任何特别的感受，但是妈妈很谢谢你为我洗脚。”其实，在众多的家长中，很少有人从事着十分辛苦的工作，并且身体也十分健康，完全可以完成为自己洗脚这件事。

而此时，让孩子帮忙洗脚，更多的表现的是一种形式，而不是一种由内而发的爱意。对孩子来说，可能仅仅是完成了老师给布置的一项任务而已。无论是孩子，还是家长，都没有从这个活动中感受到“孝顺”的意义。

我觉得，与其让孩子学会这种形式上的“孝顺”，不如在生活的点滴中，让他看到我们对自己父母的爱。孩子只有感受到真情实意的爱，才会自动转化为孝顺的行动。中国有句古话，叫“母慈，子孝”，意思是说，只有充满慈爱的母亲才能培养出孝顺的孩子，只要我们用正确的方式去爱孩子，自然也会收获到孩子的爱。

据说，在荷兰的感恩教育中，从来不会教孩子如何去孝顺父母。这不是因为他们人情淡薄，而是因为在荷兰的父母看来，孩子爱父母是自然而然产生的情感，是一种天性，不需要去教。因此，荷兰的父母更多地会教导孩子爱与给予的能力，包括爱这个世界的一切，大自然、小动物，以及比自己弱小的人。

我们也同样不需要被强迫的感恩，更不需要所谓的刻意的孝道。我们需要的是教会孩子如何真心地去爱父母、长辈，而这种爱是强迫不来的，是任何力量都无法使之扭曲的。

当然，教会孩子孝顺长辈，并不是几句空口大道理可以实现的，也不是一朝一夕或只通过一两件事就能养成的，需要靠日常生活的点滴积累，让孩子在众多的生活小事和细节中吸收“营养”，这样孝顺才能在孩子的心中生根、发芽。

比如，吃饭时，让孩子帮我们盛饭，吃完帮父母收拾一下碗筷；下班回家时，让孩子为我们倒上一杯水，给我们捶捶背；当我们身体不舒服时，让孩子帮我们拿药；等等。让孩子从这些生活小事入手，他的孝心就会逐渐被培养出来。

另外，言传不如身教，我们平时对老人的尊重、关爱之举，往往能促使观察力敏锐、情感丰富的孩子跟着学习，从而逐渐养成孝敬长辈的美德。

有这样一则公益广告让我印象深刻：

一个年轻的妈妈给自己年迈的妈妈端了一盆洗脚水，然后为妈妈洗脚的情形被孩子看到了，孩子也效仿妈妈的行为，给自己妈妈端了一盆洗脚水。孩子之所以会给妈妈洗脚，是因为他看到了自己妈妈爱父母的行为，所以他也学会了。同样是洗脚，与女儿曾经给我洗脚的经历相比，前者是爱的传递，而后者则是形式上的模仿。

所以，要培养出一个真正懂得孝顺的孩子，与其对他说自己是如何一把屎一把尿把他养大，然后要求他长大以后一定要孝顺自己，不如用实际行动教会他什么是爱，同时用心地去爱他，用心地去爱我们自己的爸爸、妈妈。

如果我们自己以身作则这样去做，我们的孩子也会同样感受到父母这份发自内心的对于长辈的爱，那么孩子自然也会用同样的爱回应我们。而这样的孩子，不但在家里能够得到亲人的爱，离开家后，也有能力得到他人的爱和尊重。

孝顺是好的品格，但不能停留在形式上，它必须经由一个人的内心真诚感悟并且自然做到，才是真正的孝顺。身为家长，如果我们能够带头做到对父母长辈的孝顺，那我们的孩子自然也会如此。

父母与子女之间，尽孝和得到孝顺的双方，正是在这样的互动中，提升亲情紧密度，互相做到了情感上的表达与肯定，它会自然而然地发生，也会自然而然地传递。

以信任培育自律的孩子

孩子小时，父母的爱犹如鸡妈妈的羽翼，但随着他渐渐长大，这个“羽翼”的作用也就慢慢减弱，他需要更加自由的无须父母搀扶的空间。如果说最初的“羽翼”有保护也有限制，而逐渐长大的孩子则需要更多的信任与自由，这样，孩子才能逐渐从依赖走向独立，从被动的父母监督蜕变为自我管理。

与很多小孩子一样，女儿从小就爱吃棒棒糖，为此，我专门准备了一个铁罐子来给她装棒棒糖。当然，与很多家长一样，为了防止蛀牙，我严格规定女儿每天只能吃一个棒棒糖。

很快，这种规定就失效了，她常常趁我不注意，偷偷自己打开罐子偷棒棒糖吃。怎么办呢？我最终决定将铁罐子放在她伸手也够不到的冰箱顶部。即便如此，女儿还是用了我不知道的一些办法够到了铁罐子，并且为防止我发现，还自作聪明地将罐子放回原处，以为我完全不会注意里面剩余棒棒糖的数量。

这样“猫鼠游戏”的方式似乎不能解决根本问题，我决定采取另外一种从未尝试过的方法。一天，我对女儿说道：“妈妈最近经常加班，不能每天都想着帮你去取冰箱上的铁罐子给你拿糖吃，所以我准备让你自己看管这个铁罐子，自己拿棒棒糖吃。”

“真的吗？”女儿眼睛一亮。

“真的！现在咱们查一查还剩多少个棒棒糖，算一算如果每天吃一个，具体能吃到哪一天，如果到了那一天你刚好吃完了，妈妈就再重新买给你，装好新的一罐子。”说完，我将铁罐子交给女儿，让她自己去数。

“妈妈，还有 15 个，应该正好是到这个月的 30 号，就都吃光了。”女儿查完棒棒糖数量后，认真地告诉我。

“好的。那接下来的时间里，你就要自己按照每天一个的约定去吃啊，慢慢就让你自己来掌控这件事了哦。”我以

无比信任的眼神看着女儿，这样说道。

接下来的几天里，我装作忙碌的样子，完全不在意女儿的一举一动。我有一丝忐忑，但更愿意信守自己和女儿之间的约定，当我这份发自内心的信任之感升起时，我觉得我与女儿日常的沟通也有了某种感觉上的不同。

月末的那一天，我买了一些新的各种口味的棒棒糖，回家打算看看女儿那边的情况。刚刚一进门，女儿闻声跑了过来，向我举起空盒子，说道："妈妈，我一天吃一个，今天刚刚好吃完，你按照约定给我买新的棒棒糖了吗？"女儿看着我问道。

我从包里取出装着棒棒糖的袋子，各色款式的棒棒糖一下子吸引了她，她接过袋子，说道："谢谢妈妈，我决定两天吃一个，这样对牙齿好，而且我还可以节省很多棒棒糖呢！"

听到女儿的回答，我十分高兴，这种因为我的信任而投射到孩子身上所形成的自律，远远超出了我的预期，看来我的尝试是成功的。

后来女儿告诉我，实际上，她有几次都忍不住去提前伸手取出棒棒糖，甚至想着今天吃两个，明天不吃，然后后天再吃一个的方式也可以，但最后她觉得会辜负对我的信任，“忍痛”制止了自己的行为。

我们想让孩子做好某件事，一定要首先相信孩子能够做到，这份信任感孩子会有感知，会因此激发出他自身的自尊心和责任感。而为了不辜负这样的信任，他会以严格自律的方式作为对家长的回报，即使过程中有所犹豫、打了折扣，他也会不断努力矫正，坚持正确行为，以更好的状态来面对家长的信任。

事实也证明，一旦这件事他做到了，他就会因此更加自律，更加以遵守约定作为赢得自尊的一种方式、一个机会，并且乐此不疲。

邻居丹丹妈妈在听了我的方法后，决定以此解决孩子写作业难的问题。但是两周后，丹丹妈妈抱怨说：“很奇怪，怎么就没有作用呢？是不是孩子和孩子就是不一样啊？”当我仔细和她复盘前后尝试细节后，我发现了问题所在。

丹丹妈妈口头上对孩子说把写作业的主动权交给孩子自己，但是从孩子放学进房间，到吃饭、上厕所的各个环节，她的嘴上不提写作业的事，眼睛却始终紧紧锁定在孩子身上。她甚至会趁孩子不注意，私下打电话询问具体作业情况，然后在孩子睡着后，再逐一掏出各科作业本进行核对。

我告诉丹丹妈妈，孩子对家长的一举一动都极为敏感，嘴上不说，但是我们的一举一动他都能感应得到。

有一次，丹丹妈妈发现丹丹作业没写完就出去玩了，气得她浑身发抖。孩子刚一进屋，丹丹妈妈就将作业本扔在孩子脸上，批评孩子欺骗自己。结果孩子也很委屈，认为自己压根没有主动权，还是被妈妈监督作业，根本就是不信任自己。

丹丹问妈妈："既然你把主动权交给了我，那我就能安排好什么时候做作业。当我决定出去玩时，是我和同学约好了还有其他紧急的事情要做，我可以合理安排时间来完成作业，我是按照我自己的计划进行的，你为什么要横加干涉呢？"

妈妈被问得无言以对，毕竟最早提出给孩子主动权的是自己。孩子说出了问题的根本所在，也是我最想告诉丹丹妈妈的，那就是：当你想激发孩子的自律，但又不能对孩子抱持信任时，孩子会对家长的话产生怀疑，认为自己的主动权受到了破坏和质疑，会有不被尊重的感受。

渴望被尊重是人的天性，而不信任是对他人不尊重的典型表现。家长的信任能够让孩子相信自己可以做到，并在行为上形成自律。相反，家长的不信任，会让孩子怀疑自己的能力，认为自己做不到，并且放松对自己的要求。

而一个从小就没有机会掌控自己的孩子，也很难学会自我控制。所以，我们不要再做孩子的监控者了，将属于他们的自主权利交还给孩子，并给予孩子充分的信任。也正是因为有了这样的信任，孩子才会有真正意义上的自律。

没错，自律源自我们对他的信任，而信任也恰好支撑起了孩子的自我约束。

鼓励，而不是逼迫孩子勇敢

家长会上，一位妈妈抱怨道："我的女儿都小学四年级了，还天天让我陪着她睡觉，要是让她自己睡，她就要求爸爸在客厅沙发睡，说给她做保护。唉，看来女孩就是胆小，这要是男孩就肯定能自己一个人睡了。”

女孩子就胆小吗？可能很多人都会这样认为，连我也差一点儿以为是真的。直到有一天，在老家听外婆聊起我三四岁时候的事，我才意识到这个认识是错误的。

外婆告诉我，我曾经自己不知在哪里抓住了一只很大个头的壁虎，然后戴上口罩，扮成医生的样子，用一把小刀说要给它做紧急外科手术。听外婆这么描述儿时的自己，我简直不敢相信，因为直到今天，哪怕很小的一只壁虎，甚至一只蟑螂都能把我吓得迈不动腿。

看来，当我不知道“害怕”为何物时，我还是有一定的胆量的。

尽管如此，我还能回忆起来的稍大一点儿的童年时光，仍然多半是与胆小挂钩的。我害怕回答问题，即使是站起来，双腿也在不由自主地颤抖；我害怕见到熟人，即便非常熟悉的亲戚，见面也会心生扭捏；我和那个家长会的妈妈提到的女儿一样，的确需要有人陪伴才能睡着；我喜欢唱歌，但我害怕登台汇报演出。我害怕很多事。

为什么外婆口中的自己与之后慢慢长大的自己有了不同？这可能是后天家长的管教所致吧。我记得妈妈提醒我：

走夜路要小心，黑暗中可能藏着坏人；没有准备好，就不要登台演讲，否则你会很难堪；随时检查自己的着装，避免为此当众出丑；等等。

所以，到今天，我很少走夜路；与同事聚会时，也较少主动发言、唱歌，更别提跳舞了；我很少主动与男性说话，即使是日常工作方面的，我也要有第三人在场，才能有所好转。

为了自己的孩子和工作，我还需要不断调整这些父母当年不经意间的提醒所带来的负面影响。

有了自己的这些经历，我就懂得了，所谓的胆小与家长的长期不良教育有一定关系，家长甚至利用了孩子的胆小、顺从而让孩子变得更加方便管教，这实在是一个得不偿失的家教理念。或者说，某种程度上，父母本身也是性格中有胆怯、不肯主动担责的一面，对这样的弱点注意隐蔽，很少表现出来而已。

至于外婆提到的儿时的我，那个拿刀想给壁虎做手术的我，我想可能与父母那个时间段不在我身边，没有将“恐惧”的概念灌输给我有关，所谓“无知者无畏”。或者说，那个年龄段，孩子所害怕的具体对象也存在差异。

实际上，孩子对一些事物的恐惧出于一种自我保护的本能，比如：一岁内的孩子会害怕听到巨大的声响，害怕见到陌生人，害怕生活的环境突然改变；两三岁的孩子会害怕黑暗，害怕与父母亲分离……八九岁的时候害怕身体伤害、学习问题等。

一般而言，这些恐惧会随着年龄的增长、心智的成熟而逐步减弱甚至消失。家长在这一过程中，应根据孩子自身性格特点及所面临的具体问题而进行灵活的调整和对待，慢慢帮助孩子克服恐惧心理，不能以刻意的哄骗甚至逼迫的方式达到提升孩子勇气的目的。

有一次，我带着女儿在海边游玩时，看到这样一幕：

一位年轻的爸爸带着一个三四岁的男孩在海边玩耍。可能是第一次接触大海的缘故，孩子明显有些抵触，看到海浪涌过来时，就急忙拔腿往岸上跑。爸爸几次尝试带着孩子去接触海浪，但刚刚靠近浪花，他就吓得回头就跑。

爸爸有些生气，跑到儿子那儿，一把拎着孩子，然后跑到海边，直接把孩子扔进了海水里。孩子吓得大哭，拼命往岸边跑，弄得很是狼狈。就这样反复几次后，孩子的哭声近乎歇斯底里，这样做明显没能达到锻炼孩子勇气的目的。此时，刚刚经过此地的一位大叔制止了年轻爸爸的行为，爸爸这才停下来。

显然，逼迫孩子去做这样的尝试，孩子会有一种被抛弃感，无助的感受会伴随他很久，遇到类似情况甚至可能形成应激反应。

雨过天晴的一天，我带女儿去植物园玩，快到门口时，雨水形成的一条细细的河沟挡住了我们的去路。对于成人来说，稍微高抬一点儿腿，加把力，就可以跨过去了。但女儿眼里的这条“鸿沟”让她无法前进，她伸手要我抱她过去。

我轻声鼓励她，不要担心鞋子会湿，尝试一下，看看是否能成功。没想到，这样反而让她担心起来，更在意自己会不会摔倒在河沟里。于是，我让她留在原地，对她说：“妈妈先给你做示范，你看妈妈怎么跨过去。”

我将腿抬高，身体前后晃动一下，加了下力气，喊了声：“一二……三！”然后跨了过去。这时女儿有些跃跃欲试的样子，但还是有些犹豫。我又将动作夸张地演示了一遍，然后对她说道：“妈妈牵着你的手，带你一起跨过去好不好？”

“好，好！”女儿连连点头。

我带着女儿，她学着我的样子，一下子就跨了过去。她开心地为自己鼓掌，然后又重复了一遍。最后，女儿自己也独立尝试了一下，再之后，她开心地在这个小河沟反反复复地跨越玩耍起来，完全没有了最初的恐惧。

在女儿的成长过程中，她不止一次地出现过胆小的情况，但是我从未强行逼迫她独立面对。我相信，通过我的努力加上一些时间，她会慢慢跨过很多成长中的“小河沟”。

家长通过强硬的逼迫手段试图让孩子变得勇敢，是一种较为极端的做法。同时，很多胆小的孩子并不是做不到，只是因为胆怯、畏首畏尾、害怕失败和受人耻笑而不能放开自己，所以才不敢去尝试各种新鲜事物。

一个怯懦的孩子未来难以在社会上立足，因为这样的孩子通常都缺乏自信和勇气。虽然他们也渴望成功、渴望朋友，可他们总是沉浸在自己想象的困难中，不敢迈开前进的步伐。

因此，在孩子幼年时期，我们能够做的就是耐下心来，慢慢地陪伴和鼓励他，直到他能在这样的勇敢尝试中体验到快乐、勇敢，并养成一种品格操守，这会伴随孩子一生。

陪伴和交流：开朗的孩子不自卑

新年伊始，大家都还沉浸在过年的快乐中，朋友家的孩子晴晴却被确诊为“孤独症”。庆幸的是程度较轻，如果从现在开始改善，还有调整的可能性。朋友一遍又一遍地叨咕着“孤独症”几个字，眉头皱成了一团。“我的孩子怎么会是孤独症呢？她成天活蹦乱跳的，小眼睛骨碌骨碌转得比谁都快……”

“孤独症并不代表孩子的身体和智力有问题。”我打断了朋友的话，“晴晴最大的问题是，她不会与人交流。”其实晴晴的问题，早在晴晴两岁左右的时候就出现了端倪。那时候，两个孩子一起玩儿，女儿总是很想与晴晴搞好关系，但是晴晴的眼中，却丝毫没有我女儿的存在，一直在自顾自地玩耍。

分开时，女儿懂得与叔叔阿姨再见，但是当我拉着晴晴的小手，跟她说再见的时候，她的眼睛却不知在看向何方，也丝毫不理会我所说的话，更不要说跟我说再见了。我曾委婉地跟朋友提起孩子的问题，但是朋友却丝毫不以为然，总认为是这个年龄的孩子贪玩所致。我时常劝说他们与孩子多交流，但是效果甚微。

朋友和他的妻子都是外地人，两人孤身在城市中打拼，身边没有亲戚，只有零星好友。妻子怀孕后，朋友就独自肩负起了生活的重担，妻子在家带孩子做家务。几乎每一个到朋友家去的人，都不敢相信，他家有小孩儿，并且是妈妈一个人带孩子，因为他们家实在太整洁太干净了。

朋友的妻子是个过分勤快的人，在别人只带孩子都忙得手忙脚乱的情况下，她不但要带孩子，还要买菜做饭收拾家，几乎孩子刚刚将家里某一处弄脏弄乱，她就已经在第一时间收拾干净了。所以，她几乎没有时间与孩子做游戏，甚至说说话。大部分时间，晴晴都是一个人躺着，会坐以后，就是一个人坐着，会爬以后，就被妈妈用一根绳子拴在腰间，然后在固定的区域里爬来爬去……

晴晴一岁的时候，别人的小孩儿已经会说“爸爸”“妈妈”等简单的词语了，晴晴还是一声不吭，着急了只会“啊啊”叫，或是大哭。两岁的时候，晴晴依旧不会叫“爸爸”“妈妈”，并且也不会听从大人的口令，除非是她自己想去做的事情。三岁的时候，倒是会喊“爸爸、妈妈”了，但是也只有在自己想说的时候才说，更像是在自言自语。送到幼儿园，老师以孩子不会说话、不听老师话为由拒收。此时，夫妻俩才意识到孩子可能有问题，于是开始费尽心机地教孩子说话，可令他们崩溃的是，孩子根本不听他们说话。

缺少陪伴和交流，是形成孩子性格孤僻的主要原因。另一个离异的朋友阿红，为了能够给孩子更好的物质生活，将两岁的孩子送往老家由父母照看。她原本以为自己坚持每天给孩子打电话、视频就可以，只要坚持一年，她就把孩子接回身边上幼儿园。但令她没有想到的是，当她半年后回到老家，孩子仿佛变了一个人。见到她时，只是呆呆地看着她，既不喊“妈妈”，也不要她抱。她与孩子说话，孩子只会往角落里躲。晚上躺在床上睡觉时，孩子说什么也不肯闭眼，她一遍又一遍地讲故事，直到夜里十二点多，孩子困得上下眼皮直打架。“你是不是怕一闭上眼睛，妈妈就不在了？”终于，朋友问道。孩子点点头，随即就陷入了睡眠之中。那一晚，阿红哭得不能自持。她没有想到，仅仅六个月的分离，就让她和孩子之间仿佛隔了一道“沟壑”。天亮后，她做出了一个决定，就算是再难，她也要将孩子带在身边。

心理学专家李子勋所著的《家庭成就孩子》一书中有这样一句话：“孩子一岁以前，母亲有三个行为是别人不能代替的：一是哺乳，二是依偎着孩子入睡，三是和孩子亲密地喃喃细语，这是母亲的责任。”

是的，哺乳和陪睡，是妈妈必做之事，而宝贵的交流却被忽略掉了，一来大人认为孩子不会说话，与孩子交流无异于“对牛弹琴”；二来对于工作繁忙的妈妈而言，哺乳和陪睡已经占据了大部分时间，哪里还有时间陪着孩子喃喃细语呢？我们不与孩子交流，孩子就学不会交流，不会与人交流，便形成了孤僻的性格。

心理学家指出，一天中与父母亲接触不少于两小时的孩子，比那些一周内接触不到六小时者智商要高。所以，我们要少花一些时间玩手机，多花一些时间陪陪孩子。当然，与孩子玩耍也是一种能力，但只要用心，日常生活中的一些行为，都能够成为有趣的游戏。

比如有时候我下班回家，会一边敲门一边对她说："大灰狼来了，小兔子开开门！"有了大人的"引导"，孩子会很快"入戏"，跟大人玩表演游戏！

天气好的时候，我会带着女儿到大自然中玩耍，主要是让孩子在接触到更多的花草树木的同时，也给自己创造出更多与孩子的交流机会与陪伴空间。

当然，陪伴和交流会消耗一定的时间和体力，但这却是让孩子性格健康、活泼开朗最有效的途径。那些自我、孤僻、古板且封闭的孩子怎么可能健康面对人与人之间的关系问题呢？又怎么可能不自卑、懦弱、敏感、多疑呢？

想一想，我们对孩子的高质量陪伴和交流将带来什么样的变化，这一切付出就特别值得。趁现在还来得及，放下手机和游戏、处理好工作事务，投入这样的亲子关系当中吧。

敢于拒绝才能维护自我

多子女的家庭中，家长一般不用刻意教导孩子“分享”各类资源，兄弟姐妹之间自然而然地就会互相照顾，基本上不存在一人独占的行为。但是独生子女家庭，可能这样的情况就会更多一些，为此，我以儿歌、绘本、动画片等各种方式教导我的女儿要学会分享。

身为家长，我也担心孩子成为一个自私自利的人，当我看到她能很大方地将自己的美食、玩具分享给其他小伙伴时，内心还是十分欣慰的，认为自己这样的教育起了作用。直到有一天发生了一件事，让我意识到“分享”这件事竟然还有很多功课需要去做。

女儿读三年级那一年，我被老师一个电话叫到了办公室。刚进入办公室大门，我就看见女儿站在老师旁边，一脸委屈地低头不语。经老师说明事情原委，我才知道，原来女儿在考试过程中，将自己的卷子借给邻桌抄袭，明显属于作弊行为，为此老师将两个同学的卷子都定为零分卷。不单这样，如此放肆的行为也让女儿和那位同学受到了严厉批评，这也是我被电话叫来办公室的原因。

看到女儿脸上尚有泪痕，我既心疼又纳闷，不确定女儿为何会这么做。回家的路上，女儿拿着那张本来答得还不错的零分卷子，开始向我讲述她的内心想法。原来她也不想这样做，但是对方说她自私时，她内心就产生了动摇，她不想自己被同学说成是一个自私的人，所以最终做出了这样的事情。

听到女儿这样的描述，我也陷入了反思。为了不被人说成自私，我也经常帮朋友、同学、同事、邻居写报告、填申请，甚至还帮一些家长的孩子写作文的开头……

最初我是快乐的，以为自己的举手之劳帮助了很多人，慢慢地，这样的事情越来越多，严重干扰了我的工作和休息，我开始从乐此不疲转为抗拒状态。这期间，女儿是能感受得到的，她有时也不理解我为什么不能拒绝别人。

没错，这样的“滥好人”行为并没有得到他人的诚恳感谢，也没有额外的金钱回报，无非是担心自己被人认定为自私、冷血而逐步陷入不得不做的状态当中。这样无界限的干扰并不是正常的人际关系，也不是一个人应该有的行为模式。我想，我对孩子所倡导的“分享”在某种程度上应该有刻意讨好他人的成分。

我开始告诉女儿，帮助别人是需要界限的，如果突破了界限去帮助一个人，不但得不到对方的感谢，甚至会让对方越来越懒惰、得寸进尺，这就一定会给自己带来麻烦。

女儿不太理解“界限”为何意。我就进一步以她所能理解的方式告诉她：所谓的界限，就是当你觉得对方的要求自己没有能力达到时，就可以选择拒绝；当自己为了完成别人的请求，而内心感到委屈时，就可以选择拒绝。如果你以“分享”的方式来让对方停止对你“自私”的评价，那你就干脆接受这样的“自私”，我坚决支持你这样的拒绝。

我还告诉女儿，作家冯骥才说过，风可以吹走一张白纸，却无法吹走一只蝴蝶，因为生命的力量在于不顺从。否则，我们又与一张白纸有何区别呢？女儿听不太懂，但是她听懂了可以不顺从、可以拒绝别人。

拒绝别人当然不是一件容易的事，尤其对于渴求伙伴关系的孩子来说，他担心自己的拒绝会失去一个玩伴。我们常常会看到如下类似的情形：

拿着汽车模型的男孩说：“这个不能借给你玩，这是我爷爷刚刚买给我的。”

另一个男孩威胁道：“你真自私，你要不让我玩一会儿，我以后再也不和你玩了。”

手拎着小汽车的男孩想了想，说道：“那，好吧，但是你要一会儿就还给我哦。”

结果，这个“一会儿”延长成为10分钟、20分钟还不愿意归还，甚至把有些喷漆蹭掉了。但是那个男孩忍着，忍着，他一直不敢主动去要，担心失去这个伙伴。

实际上，当我在后来的拒绝当中体验到了“自私”的好处时，我可以更好地完成未处理好的工作、家务和对孩子的陪伴，更好地写作学习、阅读和陪伴父母。女儿也开始敢于拒绝他人了，她也像我一样，不会因为某些拒绝而担心失去这个朋友、同学或机会、美食。

一个不会拒绝别人的孩子，很容易被他人左右和利用，成为人云亦云、缺少主见的人，有时甚至还会给自己带来危险。因此，学会拒绝不仅是孩子自我保护必须迈出的第一步，也是他将来建立正常人际关系所需掌握的一种处世技巧。

以平等的眼光对待他人

我家楼上住了一个先天发育迟缓的孩子铭铭，我们经常在楼道里遇见，每次女儿都会很热情地走上前去拉住铭铭的手，奶声奶气地喊一声“哥哥”，然后要求一起玩儿。铭铭的父母很喜欢我的女儿，因为在此之前没有小朋友愿意跟铭铭一起玩儿。大一点儿的孩子会因为铭铭跟不上他们的脚步而嫌弃铭铭，而小一点儿的孩子，因为父母有意无意地阻止，导致他们远离铭铭。因此，女儿成了铭铭搬到这个小区后的第一个朋友。

女儿渐渐长大后，铭铭还是以前的样子。有一天，女儿从外面玩儿回来，问我：“妈妈，什么是傻子啊？”

“你为什么想知道什么是傻子呢？”我很好奇女儿的头脑里为什么有了“傻子”的概念。

“是玲玲他们说的，他们还不让我跟铭铭哥哥玩儿，说他会打人，还会让我也变傻。”说到这里，女儿噘起了嘴巴，小伙伴们的话让女儿很委屈，因为铭铭从来没有打过她，而且总是让着她。她不明白为什么自己的这个朋友要去说那个朋友不好，而自己也无法为那个朋友辩解。

“妈妈，铭铭哥哥真的是傻子吗？”我正在思考怎样让孩子走出这个心理旋涡时，女儿再次开口问我。

“不，当然不是。”我斩钉截铁地回答女儿。似乎这个答案已经在我内心酝酿了很久，可以说，从女儿与铭铭做朋友的那一天，我就预料到，总有一天，女儿会发现她与铭铭的不同，她会跑来问我这些问题。而我要提早做好准备，怎样回答才能不伤害任何一个孩子。从身体发育上而言，铭铭确实比其他孩子差很多。但从其他方面来讲，铭铭具备很多美好的品质。

想了想后，我缓缓地开口说道：“我们每个人都有缺点，就好像妈妈经常丢东西，爸爸经常不洗袜子，你经常赖床一样。铭铭哥哥也有缺点，只是他的缺点表现在身体上，让我们一眼就看到了，而很多人的缺点表现在心理和性格上，别人一眼看不到。所以说，铭铭哥哥不是傻子，他跟你们一样。”

事实证明，孩子对于自己想知道的事情，理解能力是超强的。

“那我以后还能不能跟铭铭哥哥玩儿呢？”女儿问我，她小小的眉头紧锁着，心里一定在权衡哪个朋友更加重要，自己该向着谁的问题。

铭铭是女儿人生路上遇到的第一个身体有缺陷的孩子，将来她还会遇到，怎样与他们相处，并表现得有“礼”可循，这是一个很好的教育契机。

我记得在我上小学时，就遇到过这样的同学。因为摸了高压电线，那个同学的整只右手都被高压电电成了弯曲状，永远无法伸展。因此，这个同学成了学校里的异类。每个孩子，包括老师在内，都用“你是不正常的”这样的眼光看待这个同学。

有一次考试，他唯一的铅笔断了，于是他便用很粗暴的语气向我借，我战战兢兢地将笔递给他，甚至不敢看他那只右手。考试完后，我竟然没有勇气将铅笔要回，原因是我怕他。过了几天，那个男孩儿在经过我位置的时候，将我那支铅笔扔在了我桌子上，笔尖被削得尖尖的。

小学毕业前，我们每个同学都买了同学录，然后交给同学们轮流写上毕业留言。那个男孩拒绝给别人写，别人似乎也不愿意让他写，但是他却例外地给我写了。只写了简单的一句话：“祝你考上理想的中学。”然后后面一个大大的笑脸。当时我看到这行字，就像是做了贼一样，生怕被别人看见。回到家后，还故意把这一页用胶水粘了起来。

时隔多年后，我从事了教育行业，了解了更多的孩子心理后，我猛然想起了这件事，为当初的自己感到羞愧，并为那个男孩当初在学校里受到的待遇而感到难过。美国教育家杜威认为："同情心作为一种良好的想象力，使我们能想到人类共同的事情，反抗那些无谓地分裂人们的东西——当'同理心'或'同情心'这些东西成为一个人天性的一部分时，他就没有了自以为是，没有了居高临下，没有了敌视排斥，有了善良，有了豁达。"

而当年的我，就是因为缺乏这种心理，才让自己的人生有了遗憾。不歧视、不欺辱有缺陷的人群，并不代表就做到了以"礼"相待。只有用平等的眼光去看待和对待他们，才是做到了真正的尊重。当我将自己的故事讲给女儿听后，在判定我当初做得不对的同时，困扰女儿的小问题也得到了解决。或者说在她心里，她还是很喜欢跟铭铭在一起玩儿的。

第五章

培养孩子好的自我认知：让孩子内心强大

人生有时候就犹如一枚硬币，有A面，就有B面，我们不能只让孩子看到A面，却不让他们看到B面。世界本身就是不完美的，存在着不尽如人意的遗憾和丑恶，孩子对此需要有免疫力，这样他们才能拥有克服社会中种种不如意的能力，才能知道在大千世界中如何进行自我保护。

100米远的距离——练习分离

有句话说，世间所有的爱都是为了相聚，唯独父母的爱是为了别离。

父母的首要任务是和孩子的亲密，其次是和孩子的分离。从亲密到分离，父母需要具备足够的勇气和智慧，要试着将生活中的每件小事，由本来的代办慢慢过渡到让孩子去做，最终实现孩子的自主权利和能力。这是培养孩子建立自我认知的前提和基础。

“妈妈，今天乐乐给我奶片了！”女儿一放学就忍不住和我分享她在幼儿园的事情。

“咦，老师不是不允许小朋友带吃的去幼儿园吗？”

“她偷偷给我的，老师不知道！”

“那你有什么东西可以给乐乐呢？”

“妈妈，你给我和乐乐一人买一袋牛奶吧！”

孩子有了朋友，并且彼此能互相分享，真的太好了，对于这样的要求，我从不拒绝。

从超市买了两袋牛奶后，女儿飞快地拿在手里走在我的前面。到了十字路口，我决定不再跟着她，看她自己能不能做这件事。

乐乐家距离我停下来的地方大概有 100 米的距离。这 100 米远的路，路况比较复杂，女儿要穿过拥挤的大排档，还要提防马路上随时走动的人和车辆，同时要注意一些趴在门前或者在街边闲逛的小狗。

她要记得乐乐家是众多商铺中的哪一家。到了那里，她要懂得，该如何进门，如何沟通，如何把自己的礼物送到接收者的手里。

这100米远的距离，对于四岁的女儿来说，是一个挑战。

站在十字路口，我鼓励她自己去走这段路。我用眼神给她鼓励，并且向她挥挥手，表现出一个信任她的姿态，传达给她一个信息：这没什么，你一定可以做到的。

我的女儿出发了，这100米是我目光能触及的距离，是我可以观察到的距离，虽然我未与女儿同行，但我一直关注着女儿的一举一动。

如果她被什么挡住了，我就紧跟几步，既怕让她看见，又不能让她在视野里消失。

女儿很快穿过商铺前密集的大排档桌椅，来到了乐乐家附近。但是，她没在店铺外发现她的朋友，她站在那里，犹豫茫然，目光不时往我的方向张望。我则一直向她甩手，表示“去做”。

孩子站在那里很久，不知道该怎么办。看来她是遇到了问题。

我一直忍住，没有走过去。时间实在等得太久了，女儿往我的方向走几步，又掉头回去几步。看来她很犹豫。

当她再次将目光投向我，我向她招手，示意她过来。女儿终于接到了可以回归的指令，飞快向我跑来。

“怎么了，宝贝儿？”

“乐乐没在那里。”女儿遗憾地说。平时乐乐总是幼儿园放学后在自己家的店铺门外玩儿，很容易碰上。女儿原以为自己随便就能在乐乐家附近的街边发现她，可是这次扑了个空。

“在街上碰不到乐乐，你还有什么办法把牛奶送给乐乐吗？”看来还需要继续启发她的主动思维。

“不知道。”看来无效。

“你知道乐乐的家在哪里吗？”我继续启发。

“平时都是和妈妈一起去，我没注意呀。”孩子总是跟随家长，自己就不会有主动的观察。

“门前摆了很多大箱子的那家就是乐乐家。如果你知道了乐乐家，而乐乐不在家，你还能用什么办法给乐乐呢？”

“看不到乐乐，我可以进屋找乐乐的妈妈，让她妈妈转交给她！”女儿终于开窍了。

女儿又撒丫子跑了，等她兴高采烈地回来，我知道她终于送出去了。

“阿姨说，乐乐和小弟弟出去玩了！”

宝贝你知道吗？你就像妈妈手里的风筝，妈妈会有意识地将你越放越远的，从妈妈能够目光触及的地方开始，一直到妈妈看不到的地方，你会离我越来越远，但是，你的翅膀也会越来越有力量。最后，我们就靠这根亲情的线来维系彼此，来呼应彼此。通过这根线，妈妈会把爱和力量向你源源不断地传递，直到永远……

虽然这个过程中妈妈有些紧张，有些焦虑，也有些担心，但是，这是作为妈妈必须承受的心理成长经历；你在被放手的过程中可能也会有些胆怯，有些害怕，有些不自信，但是只要你突破了这个障碍，你就能体会到自己的力量。这也是你的成长过程中必须积累的宝贵体验，只有这些体验不断地累加，你才能拥有属于自己的真正的自信。

亲爱的孩子，今天你能独立走出 100 米远，明天你就一定能走出更远！妈妈祝福着你，总有一天你会离开我，妈妈虽然对你有担心，但是我不能替代你去做你自己的事情。而你的力量，就在这平时的一次次分离和距离之中得到锤炼。等你向远处飞翔时，我希望你已足够坚强。亲爱的家长朋友们，身为父母，我们只能参与孩子生命的一部分，要在照顾孩子时，有意识地在他能够自己处理的每件小事上逐渐放手，这是给孩子最好的爱。

这种爱真的很特殊，你爱他，还要慢慢让他分离出你的生命，直到他不需要你，能独立面对属于他自己的世界。但你必须告诉自己，没有这样的分离，他的自我认知将无从谈起。

越早撤退，越早放手，孩子越容易适应他们的未来。

在安全无害的网络世界畅游

通过手机辅助学习、娱乐、上网络直播课、与同学朋友上网交流，这种情况已非常普遍。但是网络有它的两面性，在给孩子带来学习和交流便利的同时，一些负面新闻报道、不良色情网站及网络诈骗等危险也随之而来。

我有一个女性朋友，她的女儿读小学五年级了，一直嚷着要一部手机，说是为了提高学习成绩。哪知道，三个月过去了，成绩不但没提高，反而比过去还低了很多。家长会上，老师点名批评了几位家长，其中就包括她。

原来，学校是明令禁止带手机上学的，结果女儿还是偷偷把手机带到课堂，还引发了很多同学的嫉妒和不满。朋友本来工作就忙，为此头疼不已，索性收回了女儿的手机。

一天晚上，朋友正在客厅打理家务，忽然女儿的手机响起了提示音，她看了一眼，发现屏幕上是一则让人不安的消息："我们见个面吧，这么多天没聊天，我想你想得茶饭不思，迫不及待想要见到你……"后面还有些什么字，朋友看不到了，因为女儿将手机上了锁。

"早恋？"朋友有些着急，但又担心直接问会影响女儿的情绪，于是她把手机交给女儿，说："你手机有提示音，是不是有人找你啊，你自己看看吧，别耽误你什么重要的事。"

女儿接过手机，转身进了自己房间并关上了门，直到晚饭后才走出来，然后把手机还给朋友。之后，朋友开始密切关注女儿行踪。周六早饭后，女儿说要和同学出去玩，朋友假装不在意，告诉她路上小心。

女儿骑着她自己的那辆山地自行车出门了，朋友则骑着一辆电动车以一定距离跟随其后。很快，女儿在植物园的一个侧门停了下来，有一个黄头发小子正抽着烟，等在那里。朋友躲在一个大树后面观察动静。不一会儿，那个黄头发小子开始对女儿动手动脚，女儿开始躲闪，但是对方还是不依不饶。

朋友见状，连忙跑上前去，大喊一声："你放开我女儿，光天化日之下，你耍流氓吗？"喊声吸引了很多游人的注意，那小子转身跑了。

回来的路上，女儿还在哭，朋友也是又心疼又自责，认为自己没有管教好孩子。

实际上，进入青春期的孩子对两性关系懵懵懂懂，缺乏判断力，尤其容易被虚幻的网络爱情故事所感动，于是出于好奇心理开始在网络上寻求知音，期待那些美好的爱情在自己身上发生。

与单纯的早恋相比，网络所存在的潜在危险更大，它会依照孩子自身的需求而夸张地将一些想象的情境投射到网络那端看不见的那个人身上。而越是在现实生活中不受父母理解、关注，学习能力较差、不合群的孩子，越容易在虚拟的网络空间寻求存在感。在孩子的头脑中，那些花样繁多的陷阱并不存在，他们很难识别和逃离。

心理学家认为，沉迷于网络的孩子，大部分缺乏家庭关爱。尤其是一些父母工作很忙，长期不与孩子沟通交流。网络的世界能够让他们感觉不再孤独，并能了解到更多从未接触过的领域，就像是打开了生活中的另一扇门，让他们找到了更愿意去了解和理解自己的人。

他们正是因为缺乏应对困境的资源和方法，包括相应的勇气和智慧，无法积极有效地处理学习、生活和思想上的难题，于是试图在他们认为无所不能的网络里寻求答案，最终迷失在复杂多元的网络旋涡当中。而这种沉迷一旦成为一种瘾，就会像烟酒一样极难摆脱，即便脱离了网络，仍然还会被其中的情节所蛊惑，严重影响身心健康。

为了让网络能更好地发挥它本来应该有的积极一面，如辅助学习、开阔眼界、高效沟通等，我们就应该做好安全控制，让孩子在无害的网络空间畅游。

如果你工作忙碌缺少对孩子的陪伴，孩子就可能出现我朋友家女儿出现的潜在危险，长期活在虚拟的网络中不能自拔。这就需要我们多给孩子一些陪伴时光，走进孩子的内心世界，将双方的心结打开并回归到现实层面。

对于因为学习原因而需要手机协助的，更要注意孩子的上网情况，做好网络安全保护措施。比如通过安装“防火墙”等方式，避免孩子误入不良链接或网站。

如果可能，最好参与到孩子的网络信息查阅当中，与孩子一起采集、过滤和对比信息，教会孩子正确利用强大的网络功能为自己的学习和生活提供帮助。还可以主动建立好的沟通微信群，方便更多有正能量的孩子进行集体活动，加强不同地区孩子间的互动和见解分享。

当然，身为家长，还是要引导孩子多参加一些线下集体活动，多鼓励孩子在现实中与同龄孩子交往。当孩子在现实生活中找到真正的寄托，找到自信，自然就不会被网络的虚拟世界所吸引了。

不慕虚荣，方能守住本心

朋友有辆大众车，但前不久向我借钱，说要添置一辆宝马车，这让我不能理解。后来我才明白，原来他们两口子把孩子送到了一家高规格私立学校，每次接孩子时，校门口成排的名车让他们实在觉得有失面子。

最初，他们是犹豫的，也觉得出门上班、接送孩子和外出旅行，有个代步车基本够用了。但是上三年级的儿子常常用羡慕的语气说着某某同学家的车特别好，某某同学家又换了一辆新车。考虑到给孩子撑个门面，他们下决心添置一辆宝马车。

我听了他们的想法，忽然意识到，这是很多家庭的一个集中问题，虚荣，爱攀比，并由此培养出了同样爱慕虚荣、好攀比的孩子。

事实上也的确如此，朋友很在意他人的评价，一旦别人买了什么，他也想法获得。与其说是为了给孩子撑门面，不如说是自己内在的虚荣心在作怪。实际上，孩子就读的那所高档私立学校的选择也已经超出了他们的家庭正常开支水平。

而他们的孩子，也越来越不满足于一个月前购置的书包、文具和动漫人偶，孩子的房间如同一个花花世界一般，但仍无法填满其内心攀比的欲望黑洞。

多么可怕的攀比心理。

难道得到的越多，人生就越快乐吗？答案是否定的。物质只能用来填充内心虚荣的空洞，却永远无法将其填满，反而得到的越多，越觉得不够满足。因为在物质的世界里，永远有人拥有的比自己更多，所以除了得到无尽的痛苦，其余的什么也得不到。

如今，满电视屏幕色彩斑斓的广告，每时每刻都在向孩子们展示着他们所向往的各类物品，从玩具到零食，从服装到旅行，从学习工具到才华展现舞台，这也在以一种潜移默化的方式误导孩子拥有这些东西才更幸福。

女儿三四岁时，就已经和很多其他同龄孩子一样，背对屏幕就能根据背景音乐对各类广告商品及宣传用语如数家珍。她常常伸出小指头对着屏幕说要喝那个吃这个，而一旦给了她迫切需要的那个甜品，她很快又在几天后随着新商品的迭代而提出新的需求，或者因为其他小朋友吃到了新口味而重新提出新的需求。

最初，我并没有重视这样的情况所带来的负面影响，直到无意中整理她房间时，发现那么多不同款的铅笔、橡皮和玩具时，我才意识到问题的严重性。这不是一个好的开始，如果不能及时把控住孩子的这份贪婪、虚荣，孩子就会失去最初那份宝贵的本心，会变本加厉地物化自己的额外需求，永无停止之日。

对于那些花花绿绿的广告，成人相对来说可能会更加理性，但是对于孩子那就是一份真实存在的企图唾手可得的真实世界。如果家长自身没有这个意识，或者家长本身也是这样已经虚荣到认为满足孩子需求是重中之重，那就真的把孩子推向了欲望的深渊。

在《中毒的童年》一书中，苏·帕尔默说：“如果你认为他们拥有什么就代表他是谁，他们就是在为自己以消费为导向的不快乐生活做准备。”我感到，女儿如果在她童年时期，就以获得更多的物质作为需求并由此得到无法替代的快乐时，那她长大的过程，就是在攀比的深渊中不断沉沦的过程。在最初的索取时，孩子和我们一样，并不认为这有什么不妥，他只是本能地想象着拥有之后的那份快乐，完全不会思考自己是否真正需要。

为此，我给女儿讲过这样一个寓言故事：

长颈鹿盖了一座高大的房子，森林里的动物纷纷去参观，大家都非常羡慕。山鸡见了，也非常羡慕，于是赶忙回到家，迅速地拆掉了自己的那个尽管暖和但很狭窄的小破屋，用了好长时间，费了很大的力气盖了一个与长颈鹿同样的房子，以为这样也可以得到动物们的羡慕、称赞。

事实还真如它所想的那样，所有的动物也都来祝贺，只有山雀没来。当大家交口称赞时，山鸡非常高兴。

转眼冬天到了，山鸡在自己冰冷的家中冷作一团。然而，只要有人来看自己的房子，它便装作一副非常高兴的样子。

一次，山雀来了，对它说："不要总为别人活，要为自己活，爱慕虚荣，最吃苦的是自己。"

山鸡非但不接受山雀的批评和教诲，还非常不屑地说："山雀毕竟是山雀，你总跳不出自己的圈子，目光短浅，成不了什么大事的。"

冬天一天天冷起来，山鸡在那宽大的房间里无法取暖，一天天挨冻，但它只要一想到别人的夸赞，便又扬扬自得起来，最终被冻死了。

女儿听了之后说："妈妈，山鸡真傻，它不应该为了获得别人的称赞而拆了自己那个暖和的小破屋，因为它和长颈鹿不能做比较，它会被活活冻死的。"

"那么，如果别人家的小朋友有这样那样的玩具，但可能并不是你感兴趣的或者你本身也并不需要的，你还会考虑拥有它吗？"我问女儿。

"妈妈，其实，我有很多衣服、鞋子和玩具都是不想穿的、玩的，我只是看到别的小朋友有了我也想有一份而已。我觉得我和山鸡一样，犯了这个错误。"女儿听懂了寓言，这样回答我。

另外，作为家长，我们常常习惯于将爱与金钱、物质联系在一起，认为如果爱孩子，就要尽量满足孩子的需求。尤其是在孩子情绪失落时，经常会通过物质补偿的方式安抚孩子。

事实上，爱孩子与金钱并无半点关系，世界首富对孩子的爱并不见得比一个普通父母给孩子的爱更多。从某种角度来说，一件名牌服饰和一件打了补丁的服饰并没有什么区别，它们都是用来御寒与蔽体的工具而已。

真正的爱，是陪伴，是倾听，是鼓励，并由此让孩子成长为一个内心强大的人，而绝对不是更多的物质给予。所以，为了让孩子避免陷入物质虚荣的泥潭中，家长首先要以身作则，养成良好的消费观念，购买东西时看重实用性，并且按需求购买，而不是为了彰显什么。我们可以把带孩子逛街购物的活动，改为带着孩子参加一些有意义的活动，比如书画展、模型展等。

在父母的身体力行和思想感染下，孩子就能建立起正确的价值观。今后的生活，不管他在物质方面拥有的是多还是少，他都不会过分关注别人过得是否比自己好，同时，也不会因为别人过得比自己好，就产生攀比、仇富的不良心理。

无视嘲讽，勇敢做自己

诗人但丁说：“走自己的路，让别人说去吧。”

小时候读书时，我把它作为我的座右铭，时常写在给别人的分别赠言里或者考试时的作文中。现在想想，真正做到这一点，实在不容易。因为身边太多的价值观甚至流言蜚语在不时地左右着我们的一言一行，对大人来说尚且如此，对成长中的孩子来讲，那就更难做到坚持自己而不被其左右。

记得读小学三年级时，班级有位男同学，因为家里种烟叶，那种因经常加工熏烤烟叶而散发出的刺激味道也吸附在了他的衣服上。刚刚开学时，这个同学就因为一身的烟味而被同学们排斥，谁都不想与他同桌。

有位同学甚至夸张地向老师表示："老师，他浑身上下都是烟叶子味道，能把我熏昏过去。"说罢，还夸张地捂住鼻子，躲开好远。

有这样一个开头，大家似乎达成了共识，全都表示不能接受。

最终，他一个人坐在了班级最后面的座位。

第二天，当他经过前排同学，走到自己的那个靠墙的座位时，途中经过的同学们还是一脸厌恶地向他表示出讥讽，他的前桌甚至问他："你没换一身别的衣服吗？"

男同学一脸通红，连忙解释说："我洗了澡的，根本就没有味道。”

另一位同学插嘴道：“那也没有用，你家要是还种烟叶，那你身上就永远有味道。”

男同学沉默不语，回到家后，他哭着央求爸爸妈妈别再种烟叶。很长一段时间，为了不再受到同学们的讥讽，他都没有正常上学。即便老师打来电话，他依然无法走进教室。

出于生计，父母不可能轻易因为这个缘由就放弃烟叶种植。最终，父母把这个男同学转学到了另一个稍微偏远一点儿的住宿学校，以此让他没有心理压力，安心完成学业。

那个时候我很小，但这个事情对我影响很大。一个孩子，如果他无法从父母那里得到针对某一件事、某一观点或行为的合理化诠释，那他一定会受到以偏概全的、狭隘的评价的影响。因此，为人父母必须正视孩子面对某些舆论谴责时所需要强化的自身立场，让孩子能够得到家长的支持和合理化建议。

一次，听公司一位同事说，她还在上幼儿园的女儿，因为有小朋友说她鞋子上的两朵花像大便，于是就不再愿意穿那双鞋。只要一穿上就哭闹不停，幼儿园也不愿意去。

这让我想起了买驴的父子俩。父子俩买了一头驴，回来的路上牵着驴走。一个人看见了，说："真傻，有驴不骑，偏要走着。"于是父亲让儿子骑上了驴。走着走着，又遇到一个人，这个人说："这儿子真不孝顺，自己骑驴，让爸爸走路。"儿子一听，便下来了，让父亲骑上去。走着走着，又遇到一个人，这个人说："这个人怎么当爸爸的，自己骑驴，让儿子走路。"于是，父亲又将儿子抱上了驴，两人一起骑着回家。这时，走来一个老太太，指着驴说："好可怜的驴，这么瘦弱，却要驮着两个人。"

一头驴，不骑也不是，骑也不是，一个人骑不对，两个人骑也不对。生活中就是这样，无论你做得多好，总有人说不好，无论你说得多么有道理，也总有人说你说得不对。

面对孩子的被孤立或是被诽谤，我们首先要具有同理心。可能孩子所在意的问题在我们看来并没有什么大不了，但是我们的无视甚至是打压，只会让孩子感到无望，并且对他的焦虑、无助没有任何帮助。如果我们首先能够站在孩子的角度去看待问题，然后再向孩子传达"不必在意，没必要让每个人都喜欢你"的思想，那效果就会好得多。

做到这一点，首先我们自己就不要在意孩子被孤立或是被诽谤这样的事情，不要将"别人不愿意跟你玩儿"当成一件多么重要的事情去影响孩子。而是要让孩子明白，世界很大，人有很多，人们的看法不一定完全相同。

要记得，孩子最主要的精神支柱是父母的爱，如果能够在父母这里感受到源源不断的爱意与支持，那么他的内心就能衍生出对抗流言的力量。因为他知道：你不喜欢我无所谓，我还有爸爸妈妈喜欢我。

曾在一个现场求职的职场节目中，看到这样一个女孩。她大学本科学历，毕业两年了，一直没有找到合适的工作。这个女孩各方面虽然算不上优秀，但也并不算差，无非就是性格不太讨喜，与人说话时有些拘谨，带点固执，处理人际关系不够圆滑。这些却被现场的“导师”们批评得一无是处，然后又被各种指导，指导她该如何改进，指导她该怎么做，才能找到所谓的“好”工作。

女孩一直在耐心地听着，对于“导师”们给出的建议，不住地点头表示肯定。但当有一家企业向她抛出橄榄枝时，她却拒绝了。因为她觉得自己不适合那份工作，她更愿意找一份安静的工作，哪怕薪水会低一些。这个选择引起了现场人员的笑声，多少有些嘲笑的意味在其中。因为在大家看来，这样一个女生，能够有公司愿意聘用她，她就应该烧高香了。而她居然选择了拒绝，这不就等于浪费了现场“导师”们的好意吗？

我却很佩服这个女孩的勇气，当别人都说“你这个性格不行的，你必须得改，否则你就找不到好工作”时，她依旧能够坚持自我，坚持自己内心的想法，这是十分难能可贵的。

一个求职节目给每位嘉宾的时间不过短短几十分钟，就算加上履历表，又能了解一个人到什么程度呢？所以女孩面对的不过是别人在这短短几十分钟里对她的最初步的了解，如果仅仅因为这个并不全面的了解就去改变自己，改变自己的人生态度，那也未免太草率了些。

事实上，孩子所面临的问题也不过如此，一些让孩子感到不适的目光，实际上都是来自他人并不成熟的看法。关键的是，别人说什么并不重要，重要的是孩子内心要有一个明确的方向，即自己要成为一个什么样的人。只要这个方向是正确的、积极的，那么我们就该鼓励孩子坚持自己。

记得第一次看《阿甘正传》的时候，里面有段对话，令我印象深刻。

“你以后想成为什么样的人？”

“什么意思，难道我以后就不能成为我自己了吗？”

“你想成为什么样的人？那你就努力成为你想成为的人。”

阿甘的精神之所以鼓舞了那么多人，是因为他能够不在意别人的眼光，坚定地走自己的路。每一个能够坚定地走自己的路，而不去在意其他人的目光的人，心中都有着无比坚定的目标，也十分明确自己的路该怎样走下去。

只有正确地认识了自己，才能够以正常的心态去面对他人的批评和表扬。在受到批评时，能够坚信自身的闪光点；在赢得表扬时，也能看到自身的不足之处，不会受到他人评论的影响，非常坚定地做自己。

无视嘲讽，勇敢做自己，我们首先做这样的家长，然后我们再去教导孩子做这样的自己。

世界不完美，接受AB两面

对于虚假、丑恶、暴力、死亡和血腥，我们总是讳莫如深，尤其是在孩子面前，我们总是试图掩盖这个世界的黑暗面，以为这样就能让孩子享受阳光普照的温暖。但我们却不曾想到，一味接受阳光普照的人，当有一天让他去面对黑暗时，他又该怎么办呢？

不管是在父母的口中，还是在电视上、书本上，要么坏人就是不存在的，要么即便他存在也总是能被好人制服，然后被关进大牢。可在现实生活中却并非简单绝对。与其遮遮掩掩，欲盖弥彰，倒不如用客观的态度，让孩子在相信世界是美好的同时，也知道在这美好之中也会有残缺的存在。

我的女儿在成长过程中，曾经“丢”过一次，当时那种“失去”的恐惧，至今想起依旧能够让我冒出一身的冷汗。那天，我因为有事耽误了接孩子放学，当我赶到学校时，女儿却没有在原先商定好的地点等待我。我找遍了整个校园，问遍了所有的老师，都没有发现女儿的身影。顿时，脑袋就开始“嗡嗡”作响，感到阵阵晕眩，我哆哆嗦嗦地掏出手机，把这一切告诉了老公。不到十分钟，老公也赶到了学校。我们报了警，然后老公沿着学校周围寻找，我回家等待，也许女儿会自己回家。

就在我回家坐立不安地等了大约半个小时后，隐约听到了敲门声，我一个箭步冲到门口，打开门，女儿站在门外，书包带斜掉下来，校服的拉锁也被扯开了。那样子，就像是刚在外面疯玩儿回来。女儿看到我，小嘴撇了撇，不等我开口询问，她先哭了起来。刹那间，之前产生的恐惧、焦虑、担忧、生气……全部化为了心疼，我连忙将女儿揽进怀里，顺便通知老公，女儿已经回家了。

等女儿的情绪平复了，她才给我讲起了从放学到回家这段时间内，她究竟去了哪儿，做了什么。原来，女儿放学后就站在门口等着我，就在大家都走得差不多的时候，她看到一个小孩儿坐在路边哭，一向热心的女儿连忙走上前去，一问得知这个小孩儿与妈妈一起出门，却在半路跟妈妈走散了。女儿一听，便拍着胸脯说："姐姐送你回家。"就这样，顺着小孩儿星星点点的记忆和并不完整的叙述，女儿带着小孩儿在街上兜兜转转了好几圈，也没能将小孩儿的家找到。情急之下，女儿忽然想到了警察叔叔，于是便带着小孩儿站在路边等待。等了很久，才看到一辆警车经过，女儿连忙将警车拦了下来，然后将小孩儿托付给了警察。当警察表示要送她回家时，女儿却拒绝了，因为女儿以为我还在学校门口等他。然而，出乎女儿意料的是，当她按照原路返回学校的时候，却没有看见我的踪影。等了许久，女儿才决定自己走回家。

听完女儿的叙述，我浑身再次冒起了冷汗，脑海里浮现出自己看到的一些关于拐卖儿童的新闻，很多人贩子为了引诱其他小孩儿上钩，会故意用孩子做诱饵，谎称自己找不到家了。这时，无论其他孩子还是大人伸出援手，等待他们的都是即将被拐卖的陷阱。如果那个小孩儿也是“诱饵”，那我恐怕就再也看不到我的女儿了。想到这里，我把女儿抱得更紧了，生怕失去她。

事后，我进行了反思。女儿很小的时候，我便教育她做一个好人，而对于这个世界上存在的坏人，我却绝口不提。我天真地以为，只要我保护得够好，女儿就不会遇到坏人，甚至以为当孩子成长到一定的年龄，她自然会认清这个世界，并自然而然地生发出抵御“丑恶”的免疫力。而我却忽

略了，每天网络上出现的那么多被拐卖的孩子，或是被陌生人伤害的孩子，他们又何尝不是跟女儿一样，但是他们却没有随着年龄的增长而加深对这个社会的认识，反而会因为太过纯真而听信坏人的谗言。

那天以后，我便在有意无意间让孩子接触到一些世界不完美的一面，比如战争、欺骗、虚假、丑恶等。电影《亲爱的》上映时，我就拉着女儿一起走进影院，当看到小主人公朋朋见到亲生父母都不认识的场景时，女儿哭成了泪人，之后一直问我："妈妈，如果我丢了，你会一直找我吗？"我回答她说："会。但是妈妈不确定能不能找到你。"这个事实，令我们母女二人都十分难过，但同时也令我们在享受这个世界的美好的同时，也更加警惕。

渐渐地，女儿不再天真地以为世界上都是好人，坏人都被警察抓起来了，她明白世界上还有很多坏人，但也明白好人更多。

之前每次外出游玩儿，我的眼睛都不敢离开女儿一秒，但是当她知道这个世界有坏人存在的时候，她会有意识地主动跟随我的脚步，同步去做事情。当然，仅仅是让孩子得知世界不完美是不够的，还得让我们的孩子学会如何去抵御这些不完美。比如：一旦与家长走散了，该怎么做？牢记住家庭住址、父母姓名与电话；不与陌生人说话；不接受陌生人给的食物、玩具；等等。

人生有时候犹如一枚硬币，有 A 面，就有 B 面，我们不能只让孩子看到 A 面，却不让他们看到 B 面。世界本身就是不完美的，存在着不尽如人意的遗憾和丑恶，孩子对此需要有免疫力，这样他们才能拥有克服社会中种种不如意的能力，才能知道在大千世界中如何进行自我保护。

第六章

培养孩子好的行为习惯：让孩子重塑自信

让孩子从小就有意识地以干干净净的面貌去与人相处，让这种习惯、意识慢慢成为一种素养，让他在为人处世中更加阳光自信，这是最为基础的习惯养成教育，也是会让孩子受益一生的家庭教育。

做个干干净净的孩子

孩子上小学后，学校各班级出于学生视力纠偏考虑，也为了更好地促进同学间的融合、交际，会定期进行座位轮换，有时按照整排进行调整，有时按照个头大小进行调整。

女儿告诉我说，她的班级一般一个月会进行一次这样的座位轮换，这也让她有机会与更多的同学近距离接触，她也非常受用。但是有一次，刚刚进行座位轮换的女儿却一脸不高兴，因为她与班级最邋遢的一位女生成为同桌了。为此，她甚至悄悄找到班主任，希望能有机会换个同学作为同桌，甚至哪怕自己一个人单独一桌也不想与那个女生坐在一起。

“天啊，有多邋遢呢，让你会这么不喜欢那个女同学呢？”我实在不解，问女儿。

女儿气鼓鼓的，不说话，因为班主任并没有答应她的请求。

“有没有可能在她身上发现大家看不到的优点和特长呢？比如，妈妈小的时候，有个同学……”我刚刚准备以自己的经历“现身说法”，女儿忽然打断了我的话，说道：“妈妈，你是不知道啊，她上课、下课总是到处抹鼻涕，别提有多脏了，她穿的衣服好像就从来没洗干净，而且脖子也黑黑的，看上去好脏啊。对了，同学值日，她的座位下面需要用很大的力气才能把脏东西拖干净，真是头疼死了。”说完，女儿重重叹了口气。

一番话，说得我哑口无言。

“妈妈，你总是教导我说要做个干干净净的孩子，这样才有人愿意和我接触，但是那个同学太不讲卫生了，我为什么非要和她同桌呢？”女儿似乎抓住了无可争辩的理由，向我提出反问。

“妈妈也忽然理解了你的感受，但是她作为一个女同学，居然全班级都不喜欢她，我们有什么好办法帮帮她呢？”我开始和女儿共情，希望她能主动找到问题的解决办法。

女儿不说话，显然还是不太愿意接茬。

“有没有可能给她提供一些手绢之类的东西，然后让她不至于把桌椅搞得脏乱差呢？”我慢慢启发女儿。

“那，我给她带一些湿纸巾吧，然后慢慢让她学会控制，比如可以下课后去卫生间搞个人卫生。”女儿慢慢开始接纳，继续说道：“反正，再过一个月，我就又有新同桌了。”说完，自己也笑了。

这个女生的邋遢可能有些超过一般孩子，但不管怎么说，一个干净整洁的个人形象在集体当中还是极为重要的。一个孩子，即使他的外貌很出众，但是邋遢不堪的外表形象一定会令人敬而远之。

这个不难理解，仔细观察一下，那些朋友少的孩子，通常都是拖着两条鼻涕，衣服上残留着饭渣，小手永远黑黢黢的孩子。或者说，这样的孩子，他的同伴也多是这样的形象。在集体交流互动中，这样的孩子自然会受到本能的排斥，这怎么能不令他自卑呢？

有这样一个街头实验活动：

一个穿着干净、打扮可人的小女孩站在路边哭鼻子，很多行人都会关切地上前去问："小朋友，你怎么了？需要帮助吗？"但是场景一换，同样一个小女孩，换上了一身邋遢的衣服站在路边抹眼泪，来往的行人只会注意到，但是却鲜少有人上去询问。

事后对路过的行人进行采访，人们纷纷表示，穿着整齐的小女孩一看就是与父母走散了，找不到父母的样子，但是穿着邋遢的小女孩却像是一个四处流浪的小孩儿，说不定还是骗子的某种行骗手段。

你看，现实的反应就是这么明显，这就是一个人的外观形象所带来的不同结果。

当然，也有些家长认为，所谓做大事不拘小节，孩子主要方面突出就好，不能总盯着个人卫生问题说事。

个人卫生问题真的是小事吗？实际上，一个孩子看似微不足道的个人卫生问题，恰恰反映出他的精神面貌和自律精神，这是一个长期行为习惯的自然结果呈现。另外，更现实一点儿说，因为不讲究个人卫生造成病菌感染而拉痢疾、发烧的还在少数吗？不注重个人卫生，又怎么可能在意饮食、环境上的健康问题呢？

从女儿出生起，我就坚持给她每天洗澡，就算因为特殊问题无法洗澡，也一定要洗脸、洗脚、洗屁屁，不管我的工作多忙，这个习惯从未改变过。当她渐渐长大，开始自我独立时，这些习惯也就慢慢养成而不觉得是多么麻烦的一件事。

吃饭时食物的汤汁洒在衣服上，她不会视而不见地就去上学或者外出，她会坚持更换一件整洁干净的衣服才肯出门。这就是我所强调的，干干净净不仅是对他人的尊重，也是我们对自己的尊重，我们要以这样的方式让自己的内在精神获得提升，让这样的优雅成为一种个人素养。如此，自信、独立才会如寻常吃饭一样自然而然。

所以，无论女儿走到哪里，总会有人夸赞她道：“这个小姑娘真干净呀！”听到别人的夸奖，女儿自然也就更加注意自己的个人形象了。我记得女儿两岁多一点儿时，就已经懂得吃饭前先洗手；当食物的汤汁洒在衣服上，她会用纸擦干净，如果擦不干净，就会拉着大人的手说“脏”；换了新衣服后，会小心翼翼地不再弄脏；早晚洗漱时，她已经懂得先刷牙洗脸，再洗屁屁，然后洗脚丫，一个步骤都不能少。

很多亲戚朋友见了，都会说：“你女儿太听话了。我们家那孩子，让他洗个脸要费九牛二虎之力，常常花着一张脸就睡着了。”但紧接着又说了：“不过话又说回来了，小孩子嘛，有几个干净的？”

实际上，女儿养成这样的好习惯并不是听话那么简单，它需要家长自己的以身作则和对孩子这一行为习惯逐步形成时的及时鼓励。说到底，这都需要我们家长用心，因为一个孩子的外在言行举止，无时无刻不在呈现出家长的个人素养。

爱玩泥巴、水甚至自己的小便，这些都是孩子的天性使然，并没有问题，真正的问题是玩耍之后的清洗，这就是大人从小就要进行的有意识引导。孩子能否从小养成良好的个人卫生习惯，责任就在家长。比如：每天刷牙、洗脸，经常洗澡，勤换衣服，勤剪指甲等，同时也包括不乱扔垃圾，不随地吐痰等。

如果小时候任由孩子每天灰头土脸，穿着邋里邋遢，那么随着他的不良卫生习惯逐步养成后，再去硬性改变就有很大难度。这个过程并不愉快，就如同女儿不愿意接触的那个新同桌，她短时间内一定无法改掉长期形成的邋遢习惯，所以必然经常受到大家的排斥。

所以，让孩子从小有意识地以干干净净的面貌去与人相处，让这种习惯、意识慢慢成为一种素养，让他在为人处世中更加阳光自信，这是最为基础的习惯养成教育，也是让孩子受益一生的家庭教育。

好方法告别拖拉

虽然女儿经过我的耐心教导，已经从小养成了一些好的行为习惯，但是这一培养过程中所出现的拖拉问题，也一度让我非常头疼。

比如快吃饭了，她却迟迟不肯放下手中的玩具；快出门了，她的袜子又不知道塞到哪里不知踪影；即将赶不上班车了，她却还在一板一眼地刷牙洗脸……

时间久了，我也有些焦躁，一遍遍的催促开始成为家常便饭，但是效果似乎不太明显，女儿总是不耐烦、一脸蒙地看着我，然后慢慢放下手中的东西，以自己的节奏忙这忙那。有时她也很生气，认为我不尊重她，但是明明上课时间、活动时间和睡眠时间已经不等人了。

于是，我催她慢，她慢我继续催，好像陷入了无尽的恶性循环当中。

我开始冷静下来并不断学习和思考，慢慢意识到了自己的问题所在。实际上，在我眼中看到孩子的拖拉，孩子自己并没有意识到，也无法接受由此受到的催促和批评。也就是说，孩子压根不知道问题到底出在哪里。

有些孩子时间观念还没有建立起来，所以家长约定的时间对他并无意义。比如我和女儿约定看半个小时的动画后，就要洗漱睡觉了。她满口答应："嗯嗯，我就看半个小时哦。"结果，半个小时到了，我过来和她说："半个小时到了，准备洗漱吧。"她却马上反驳道："还没到半个小时呢，等我把这集看完了就到半个小时了。”

原来，女儿所说的半个小时并非我所理解的客观的半个小时，而是她内心获得满足的半个小时，而这半个小时可能是一个小时、两个小时甚至更长时间。

另外，当孩子对诸如吃药、上幼儿园、培训等事情抗拒时，他就会表面上满口答应，但是行为上磨磨蹭蹭，不肯面对，想方设法把时间往后拖。

所以，当我们了解了造成孩子拖拉的原因后，我们就不

要为此着急上火、大喊大叫了，而是要逐步有意识地培养孩子正确的时间观念。

如果孩子年龄小，可以从他爱玩的角度，在游戏中培养时间观念。还是拿我的女儿为例，她读三年级时，老师就与我反映，说孩子写作文时候经常想着想着就走神了，常常无法在规定时间完成写作。

不仅孩子，这种情况我们成人也经常遇到，就是专注力不够导致时间的大量浪费。我把自己学习到的一个时间管理方法结合孩子的低龄、爱玩特点，做了个适度调整。

实际上，这个方法在培养孩子之前，我自己也已经开始使用，而且效果显著，就是“25 分钟倒计时法”。方法很简单：当我开始准备做一项工作时，给自己定一个 25 分钟的计时器。当 25 分钟的计时提醒响起后，就停下手中工作，休息 5 分钟，然后继续进行新的一个 25 分钟倒计时，继续之前的工作；若 25 分钟完成了那项工作，就立即着手新的一项工作，并重新计时。

根据孩子的成长特点，按照同样的原理，如果 25 分钟内，某个事情没有做完，就要用嘴巴吹破一个气球作为小惩罚，称其为“炸弹惩罚”。当然，孩子可能会有喝水、上厕所等突发情况，那就把为此消耗的时间进行顺延或者将倒计时暂停，然后等待问题解决后，继续计时。

女儿第一次尝试这样的时间管理方法后，最初又紧张又期待。过程中，她走神的毛病又犯了，我适度用手指了指计时器后，她很快反应过来，眼睛看着时间在眼前消逝，有了一种不一样的感受。

从此，她懂得了时间的宝贵，并针对自己的特点，对作业、游戏和阅读的时间进行分配，很少发生做某件事走神的情况了，也告别了过去一些拖拉的小毛病。

偶尔，我也会让孩子做我的“监视人”，当我无法在25分钟内完成自己规定的任务时，也会如约接受“炸弹”的惩罚。当孩子充分感受到高效率给自己带来的好处，以及来自妈妈的肯定和尊重时，她做事、学习越发有效率了。

话说回来，如果你有什么好的方法让孩子告别拖拉，也可以与孩子进行沟通，让他主动选择某个时间管理方法，这样执行起来，可能效果更好。

让孩子自己管理零花钱

我因为自己经常举办亲子活动，所以有一个几百人的家长群。有一次，针对孩子储蓄习惯的培养问题，我在群里做了个小小的调查。

有些家长认为储蓄问题早已经是过去贫穷年代的问题了，现在根本没有必要这么较真；有的家长觉得自己家里只有一个孩子，所以应该由大人负责金钱储蓄方面的问题，而对于孩子，则应该培养他们其他方面的特长；更有家长觉得家里有个女孩子，所以要富养，绝对不能再吃自己小时候的苦……

各个家长的回答都不太一致，只有很少几位家长认为应该有意识地培养孩子的储蓄意识。大多数家长更希望孩子能够多在学习上努力，孩子的各方面花销可以适当放宽。

把学习、储蓄和理财意识割裂开来看待孩子的成长问题，这是比较常见的现象。很少有家长会考虑孩子未来走向社会后，可能因为不懂得基本的储蓄、理财知识而出现冲动性消费、过度消费、信用卡透支等情况。

实际上，目前媒体频繁报道的类似有些小学生玩游戏买装备就花掉上万元，几乎是父母好几个月的薪水；还有的小学生打赏网络主播，小手一挥就是父母一个月的工资……孩子如果没有基本的金钱管理能力，怎么保证他不会成为其中的一员呢?

事实证明，这些过度、盲目近乎疯狂的消费群体中的大部分小学生，其父母的收入非常有限，但正是因为家庭教育中丢掉了金钱观念的健康培育环节，最终导致了以上情况的发生。这些孩子没有储蓄习惯，也基本不懂得理财是什么概念。

亲戚的儿子阿林，从出生穿的纸尿裤到上小学后的所穿所用都是名牌系列。而对于零花钱，那更是一周一给，从来没有间断过，数目也随着年龄增长而增大。

如此优越的生活环境使阿林成了“任性”的孩子，同龄孩子没有的，他必须有，同龄孩子有的，他的必然是更高级的。阿林的个人房间，没打开包装的礼物、包裹就有好大一摞。阿林妈和很多妈妈一样，总觉得不能让孩子再吃自己小时候的苦，而且就一个孩子，也没必要节省。

有了这样的家庭支持，阿林的消费标准估计还要不断突破啊。

我们不愿意孩子吃苦，追求自由消费，导致孩子挥金如土，但当孩子脱离父母，逐步走向个人独立时，又完全无法适应。那些三四十岁还在啃老的成年人，多是小时候被娇惯长大的。

与过去的年代相比，现在的经济条件的确好了太多，孩子逢年过节得到的压岁钱、零花钱自然也比过去翻了几番。对于这些钱，我们应该要对孩子有个好的理财引导，问问孩子，这笔钱计划怎么用，然后根据孩子的想法，帮他逐步落实。

当孩子有了存钱意识后，家长可以带孩子多了解“银行”“储蓄”等这样的金融概念，可以尝试为他设立一个独立存款账户，以此作为孩子独立管理零花钱的开始。慢慢地，每间隔一段时间，与孩子一起进行账户查询，了解利息的计算方法，让他能够真正体验存钱带来利息的成就感。如果孩子这方面进步很快，可以给孩子一些用于家庭日用品开支的钱，由他进行这方面的消费和记录，使孩子理解钱的来之不易，进而感受到节约用钱、合理消费的必要性。

表哥家的生活条件很好，所以他的女儿丽娜的学习用品也较为丰富。但是最近细心的妈妈发现孩子的学习用品似乎消耗过快，有些刚刚买完不到一周的橡皮就用了一半。后来有别的同学的家长向她反映，说丽娜太过大方，常常主动把文具借给其他同学使用，时间久了，有些同学索性自己不买，直接借用丽娜的，甚至不还了。

丽娜是个很有善心的孩子，性格也很开朗大方，所以很少从同学们那儿再逐一要回借出去的文具用品。丽娜妈妈想来想去，觉得一方面不能打击孩子的这份善良，另一方面也不能这样“傻傻”地无限度地单方面付出，于是决定每个星期给孩子的钱控制在10元钱。

丽娜妈妈告诉孩子："这 10 元钱是你的文具专用钱，花不完的话，你就可以自己积攒起来，买你平常最想买的东西。但若是你提前花掉了这笔钱，我也不会再给，你要自己想办法解决问题。"

大手大脚习惯了的丽娜很快就把钱花光了，当有同学再向她借文具时，她要么不那么积极借出，要么看着对方用完后，就赶紧要回来。

尽管随着学习量的增加，学习用品消耗加快，但是丽娜妈妈只是适度增加了一点儿零花钱，并没有额外提升更高额度。丽娜的确不再像过去那样大手大脚了，并且为了节省更多的钱，她通过自己的计算，买了一些小贴纸和一个普通无图的文具盒，然后自己为其重新装饰。这让丽娜妈妈吃了一惊，因为她知道女儿内心一直想花钱去买一个图案精美的高级卡通文具盒。

可见，让孩子自己掌握零花钱，既可以强化孩子的算术能力，还能让孩子学会如何精打细算过日子。

因此，教会孩子如何花费和管理金钱，让孩子从小就有金钱的意识，是家庭教育中一件必须要做的事情。孩子在这些自主支配的金钱管理当中，能够更好地锻炼计划、决策能力及自控、自律能力，还会因此延伸到学习、生活的方方面面，成为掌控自己人生的小主人。

强身健体，发现另一个不一样的自己

从孩子两岁起，我就发现女儿开始喜欢通过镜子观察自己了，时不时用手摸摸自己的鼻子、眼睛或头发。到了小学后，她已经将这种自我关注发展到了体重上，希望自己有个苗条的身材。

据英国发展心理学期刊公布的数据来看，在三到六岁的女孩中，有将近一半的女孩担心自己身材肥胖；在十一岁到十七岁的女孩中，苗条的身材基本上是所有人的目标和愿望了。

看来爱美的确是女孩子的天性，尤其对自己的身材胖瘦非常敏感。我还记得自己小时候参加学校舞蹈比赛，当时因借穿了一件紧身舞蹈薄裤，结果在比赛时腰部撑开了一个口子，实在尴尬得下不来台。回到家后，我就和妈妈嚷嚷："从今天起，我一定要减肥。"妈妈很纳闷，并训斥我："你一个小孩子减什么肥？身体健康更重要。"就这样，我第一次减肥的念头被打消了。

大学毕业后，经常参加一些聚会活动，内心那个爱美的小孩还是时不时产生减肥、健身的念头，只是另一个声音——母亲对我说的话"健康最重要"又随之飘荡过来，所以我只是常常将"减肥"挂在嘴边。而我的女儿读到小学五年级后，她也开始萌生了我少年时光的"减肥"念头。

那一天放学，晚饭时她不再像以前那样狼吞虎咽，而是小鸡啄米似的象征性吃了几口。不舒服吗？不是，原来她想减肥。但实际上她的体检一个月前刚刚结束，一切指标正常，身高和体重比例也很协调。但是女儿告诉我，班级有些文娱活动，都是那些身材苗条的同学在参与，自己机会很少。

亲戚家有个十几岁的孩子，整个人看上去病恹恹的，大家都故意喊她"豆芽菜"，家人为了让她多吃几口，想尽了各种方法。实际上孩子已经极度营养不良，但是心理上却还是觉得自己太胖。

这样一副林黛玉般的体态，即使花容月貌又如何呢？为了减肥，过度节食，不仅会令身体营养失衡，留下健康隐患，还会影响大脑的智力发育。当然，像我的妈妈只是强调“健康最重要”而不顾身材体形发展也不合适。要想拥有健美的身材，还是应该通过健康的饮食和合理化的运动来完成才行。

如今，随着物质生活水平的提高，营养过剩反而更让人担心。而各种不符合营养需求的垃圾食品也严重影响了孩子的身体健康，大量的人工色素、香精、防腐剂、增色剂等，无一不损害健康。

所以，家长还是要重视孩子的一日三餐，这是摄入营养的最主要方式。事实上，营养均衡、搭配合理的三餐，并不会导致身体发胖。真正令身体发胖的饮食习惯是暴饮暴食，要么就饿着不吃，要么就是看到好吃的东西没有节制地吃。这样不但对胃伤害巨大，对身材的维持也没有任何好处。

如果我们的孩子提出了减肥的想法，作为家长，我们首先要客观看待他的体重是否在健康值范围内，如果答案是肯定的，那孩子可能是受到了家长或外部环境的影响，是渴望通过改变身材增加自信。

此时，我们要做的是思想上的积极引导，要告诉孩子以健康为前提而不能盲目减肥。但如果孩子的确体重超标，那减肥无可厚非，除了健康的饮食，适宜的运动更是必要的。

当女儿和我提出减肥想法后，我没有直接反对她，而是耐心告诉她，节食减肥对她弊大于利，如果希望身材匀称，可以跑步健身，这样还能劳逸结合。

为了鼓励女儿，我决定陪着她一起跑步。每天早上五点钟，我们就开始进行晨练，一直坚持了半年之久。半年后，女儿的体能得到了提升，尤其自信心得到了提高，很多学校、班级的运动类项目她都积极参与，而不是被动等待，由此还新认识了其他班级喜欢运动的几个同学。

有了这样的变化，我们继续坚持，为了在冬天也能方便锻炼，家里还专门购置了一台跑步机，这样也就不用被天气变化所影响了。

在此之后，爬山、游泳等也成为我们经常参与的活动。有一次，学校的一场秋季运动会中，女儿在中长跑、接力赛中取得了很好的成绩，看上去自信满满，越来越棒了。

运动和学习一样，都要通过不断的坚持才能呈现出好的效果，循序渐进，孩子也会经由这样的努力，发现另一个不一样的自己。

家务参与益处多多

让孩子从小参与家务活动有多重要？提到这个问题，可能很多家长口头上还是会说出很多条的，但是到了实际生活中，真正让孩子参与其中，承担起家中的一个小主人所应承担的家务活动，则往往会大打折扣。原因当然很多，但基本上都是没有把这个事情当作多么重要的一件事来对待。实际上，很多责任承担能力不足、独立意识较差的孩子，小时候也的确没有参与家务的习惯。

我身边几个做婆婆的阿姨，在说起晚辈时，所用最多的一个字就是“懒”。之前我曾目睹过小区里发生的一场激烈的婆媳矛盾，原因就是婆婆接受不了儿媳妇的懒惰。

小两口中的男方在外地工作，很久才回家一次。所以女方生宝宝后，为了方便照料，婆婆就搬来和儿媳妇一同住。起初儿媳妇坐月子，一切也都相安无事，但时间久了，矛盾渐渐尖锐起来。婆婆总是嫌儿媳妇太懒，什么家务活也不干。

吃饭时，都是婆婆把饭盛好放到她面前，吃完饭后，她把碗往桌子上一放，就起身离开了。脱下来的脏衣服就堆在床上，堆得都如小山一般高了，也不会主动放到洗衣机里洗一洗，直到婆婆看不下去给洗干净为止。老人白天带孩子，晚上孩子休息了，还要打扫房间、洗衣服。而儿媳妇做得最多的事情，就是看电视、玩手机。最让婆婆无法忍受的是，儿子好久才回家一趟，回了家除了伺候媳妇，就是照顾孩子。老人看在眼里很是心痛，渐渐地，对儿媳妇的怨言越来越多，脸色也自然越来越难看。

儿媳妇呢，也发现了婆婆对自己的不满，但她不但没有改过的想法，反而觉得婆婆干预了她的生活，限制了她的自由，对婆婆的一言一行也是百般挑剔。就这样，三天一小吵五天一大吵，刚结婚不到三年的小两口，因此而离了婚。

离婚时，女孩哭哭啼啼地诉说着婆家的种种罪状："我出嫁前都是我妈妈给我洗衣服、收拾房间，什么都不用我做。嫁到了你们家，又要扫地，还要擦桌子，我不愿意干，就说我懒。我嫁到你家不是给你家当牛做马的！"

显然，这个儿媳妇在未出嫁时也基本没有承担过家务劳动。现实生活中，很多女孩都是被父母捧在手心里的小公主。上学放学，有爷爷奶奶、父母帮女孩背书包；甚至有的父母心疼女孩，代替她写作业。家长自以为这样的女孩，今后就能避免过劳苦的生活。但事实上，这只会为她今后的生活带来更多隐患。长期这样下去，女孩必然会养成生活上"饭来张口，衣来伸手"，学习上不爱动脑、知难而退的懒惰习惯。

这样的孩子，无论男女，长大后也往往不能吃苦，独立自主能力差，工作成绩平平，并且难以承担起一个家庭中的角色。那么，让他依靠什么立足于社会呢？

社会学家和心理学家经过长时间的追踪调查、共同研究后发现：热爱劳动的孩子与不爱劳动的孩子，在性格、爱好、事业等方面，都存在着很大的差异。

俗话说“心灵手巧”，劳动可以让孩子的双手和大脑得到协调发展，使孩子的脑细胞得到更多的刺激，增强他的智力和其他各项能力。而且，劳动还能减少孩子的依赖心理，促进孩子独立意识、创造意识的形成。

其实对于孩子而言，较早地鼓励他们做一些力所能及的事情，他们会有很强的参与感，认为自己也能为这个家庭做一点儿力所能及的事，有被接纳和认可的存在感。

但是这种参与感和存在感往往被我们家长不经意间给剥夺了，而我们自己居然浑然不知。我清楚地记得，小时候，看到母亲一个人做饭洗碗，照顾全家人的生活，很是心疼，于是想帮母亲扫地。我满以为母亲会夸奖我懂事，结果母亲却一把夺过我手中的笤帚，对我说：“这不是你该干的事情，赶快写作业去。”

“我已经写完作业了。”我为自己申辩道。

“那就去预习预习功课，这些事妈妈来做就行了。”说完，拿着笤帚离开了。

想想看，我那做家务的热情，就这样被一盆“冷水”从头浇到脚，内心是怎样一种感受。渐渐地，我就被母亲养成了“懒姑娘”，什么家务活也不愿意干，并且理所当然地认为做家务并不是一项辛苦的工作。所以，成年以后也很少帮助母亲做家务，有时候母亲会埋怨我懒，可是当我真正为她做起家务时，她总是会说“我来吧，你干不好”。要么就是对我做完的家务挑出种种毛病。后来，当我拥有了自己的小家，我将它打扫得一尘不染时，我才发现，做好家务活，能够给人带来如此大的成就感。

因为我曾有这样的切身体验，所以我绝对不会让这样的事情在女儿身上发生。当女儿看到家里花草的叶子掉在地上时，就懂得拿起笤帚和簸箕扫起来，尽管她还没有笤帚高，但是我很鼓励她这种行为，从来不认为她是在“帮倒忙”或是在捣乱。并且不管她是否扫干净了，我都会及时对她进行肯定：“谢谢宝贝帮妈妈给咱们家打扫卫生。”

我用这样的话肯定孩子对我的帮助，也让孩子知道，她这样的参与不单是帮我，而是帮助我们这个家。因此，每当女儿听到这样的话，她都十分开心。

在女儿的成长过程中，我一直会交给她一些力所能及的家务活，有时候被亲朋好友看见了，会“批评”我说：“孩子这么小就让孩子干活，她能干好吗？”其实，让孩子做家务的目的并不是让孩子一定要把某块区域彻底清理干净，而是培养孩子成为一个能主动承担家庭事务的人，让她在参与的过程中产生“同理心”，然后自然而然地体会到父母平日里的辛苦。

孩子在三四岁时是独立意识形成的关键时刻，这个时候也是培养孩子动手能力和责任意识的最好时期，他希望通过独立完成某些事情来确立自我。这时，如果家长能够积极、正确地引导、鼓励和强化，他今后的参与能力、独立自主能力，以及责任承担能力包括共情能力就会大大提高。

当然，让孩子参与家务劳动也不是要把大量的事务分摊到孩子身上。孩子能力有限，会因为无法完成较多的任务而产生挫败感。我们要根据孩子的年龄，分配给孩子相应的事情做。比如：1~2 岁的孩子可以做一些把玩具放回原处、帮妈妈拿东西、将垃圾扔进垃圾桶等家务；3~5 岁的孩子可以学着自己穿衣穿鞋、洗脸刷牙，做一些如给花浇水、叠衣服的家务；5~7 岁的孩子可以做的家务就很多了，在保证安全的情况下，可以让孩子多一些尝试；7~8 岁的孩子就完全可以做一个“小大人”了，类似于收拾自己房间的事情，已经完全能够胜任了。

当你看到孩子在投入地做完一些家务工作后所表现出的那份愉悦感，做父母的也一定会发自内心地高兴。所谓“一屋不扫何以扫天下”，自己都不能整理好内务，没有分担家务意识的人，你觉得他未来会成为一个具有高度责任心的人吗？

因此，为了孩子更好地成长，就从现在开始，带动你的孩子参与到你的家庭劳动中去吧。